全球变局

| 经济新格局下的长期主义 |

林毅夫 等 / 著　王贤青 / 主编

中信出版集团 | 北京

图书在版编目（CIP）数据

全球变局：经济新格局下的长期主义 / 林毅夫等著；王贤青主编 . -- 北京：中信出版社，2022.11
ISBN 978-7-5217-4875-8

Ⅰ.①全… Ⅱ.①林…②王… Ⅲ.①世界经济－研究 Ⅳ.①F11

中国版本图书馆 CIP 数据核字（2022）第 198219 号

全球变局——经济新格局下的长期主义

著者：	林毅夫 等
主编：	王贤青
出版发行：	中信出版集团股份有限公司
	（北京市朝阳区惠新东街甲 4 号富盛大厦 2 座　邮编　100029）
承印者：	北京诚信伟业印刷有限公司

开本：787mm×1092mm 1/16　　印张：15.5　　字数：153 千字
版次：2022 年 11 月第 1 版　　印次：2022 年 11 月第 1 次印刷
书号：ISBN 978-7-5217-4875-8
定价：69.00 元

版权所有·侵权必究
如有印刷、装订问题，本公司负责调换。
服务热线：400-600-8099
投稿邮箱：author@citicpub.com

目 录

序 言　解读全球变局　探寻新长期主义　/ 王贤青 III

第一部分　全球新变局与中美关系

第一章　中美竞争的核心与全球治理的关键
　　　　　　　　　　　/ 林毅夫、约瑟夫·斯蒂格利茨 003
第二章　如何理解全球变局的逻辑与中国经济的定力？
　　　　　　　　　　　/ 林毅夫 015
第三章　全球经济的新挑战与合作应对的必要性
　　　　　　　　　　　/ 姚洋、迈克尔·斯宾塞 041
第四章　如何理解世界的新格局与中国开放的新战略？
　　　　　　　　　　　/ 余淼杰 049

第二部分　中国经济的新挑战与应对

第五章　如何正确理解市场经济和企业家精神？
/ 张维迎 063

第六章　如何认知新冠肺炎疫情防控与经济发展的关系？
/ 刘国恩 089

第七章　如何理解开放环境下的中国宏观经济？
/ 卢锋 107

第八章　如何理解美联储的政策调整与中国金融改革的重点？
/ 黄益平 123

第九章　如何理解和应对中国的"高龄少子化"趋势？
/ 雷晓燕 143

第十章　如何理解共同富裕的本质和关键点？
/ 姚洋 159

第三部分　市场的新挑战与管理的关键原则

第十一章　如何推进数字化转型和打造共生型组织？
/ 陈春花 175

第十二章　如何理解剧变的时代与领导力准则？
/ 杨壮 197

第十三章　如何理解百年变局？如何进行困境决策？
/ 宫玉振 215

后记　/ 235

序言
解读全球变局　探寻新长期主义

王贤青

（北京大学国家发展研究院传播中心主任）

今天的世界有点像脱缰的野马，左冲右突、上蹿下跳，很难预判下一站是哪里。人们都深刻地感受到了未来的不确定性。就像2022年的开局：想不到俄乌两个大国之间还能爆发热战，参战的不仅有士兵、大炮和价值观，还有全球金融、能源甚至短视频平台；想不到美国的通胀率能冲高到9%，美联储要一次加息75个基点；想不到新冠肺炎疫情持续至第三年还能使深圳、上海、北京这样的超级城市防不胜防；想不到长江流域多地干旱，很多湖泊干涸。

这个世界令人想不到甚至不敢想的事情越来越多见，百年未有之大变局已经不是预判,而是人皆有之的强烈感受。对于新环境,有人用 VUCA 来形容,即脆弱易变、不确定、复杂和模糊,也有人比喻为从登山到冲浪。登山时,山是固定的战略目标,你只要制订一个合宜的计划并有足够的执行力就能登顶,至少能一步步靠近。但冲浪不同,你不知道下一个浪从哪个方向来,强度有多大。在冲浪的时代,你随时可能被巨浪打翻,甚至难以翻身。

全球变局真的只是随机游走的事件?我们是否过于关注这个世界的"变",而忽视了"不变"?令人眼花缭乱的变局背后,哪些是短期意外带来的动荡,哪些是中长期趋势性变化带来的质变?百年未有之大变局的逻辑与传导机制是什么?再进一步,长期主义还有没有用武之地,需要什么样的调整?变局在带来挑战的同时,又蕴藏着什么样的机会,如何把握?

正是基于无数网友这一连串的问号,2021 年底腾讯新闻团队和我们北京大学国家发展研究院传播中心决定针对全球变局开展一系列的深度探寻。毕竟,北京大学国家发展研究院作为国家高端智库,林毅夫等教授团队成员的本职工作之一就是观察时局,研究变化背后的逻辑与方向,提出有战略前瞻力的应对建议。

很幸运,我们的这一提议得到林毅夫教授等十多位老师的响应,他们都是非常资深的经济学家或管理学家。我们给每一位教授都列出了长长的问题清单,力求获得深入而系统的解答。

同时，我们还特别收录了第六届国家发展论坛上林毅夫教授与诺贝尔经济学奖得主斯蒂格利茨教授的对话，以及姚洋教授与诺贝尔经济学奖得主斯宾塞教授的对话。

因此，本书既不是故事的讲述，也不是答案的堆积，而是教授们手把手地带我们一起解析全球变局背后的原因和逻辑。更有意义的是，我们还可以从中感受老师们研究问题的方法。林毅夫老师经常讲"授人以鱼，不如授人以渔"，在老师们心中，比结论更重要的是方法，比方法更重要的是理念和信念。

如果我们只是旁观者，情节越跌宕的剧本越是精彩，但我们都是这个世界的参与者，每一个变化都会直接或间接地影响我们的生活。我们必须认真地重新打量这个世界，学会应对。毕竟，我们的国家要继续推进"十四五"规划和2035年远景目标纲要，为下一个百年目标努力。企业和个人也需要认真琢磨变化带来的挑战与机遇。

·第一部分·

全球新变局与中美关系

第一章
中美竞争的核心与全球治理的关键[①]

林毅夫[1]　约瑟夫·斯蒂格利茨[2]

（1. 北京大学国家发展研究院名誉院长、
新结构经济学研究院院长、南南合作与发展学院院长
2. 2001年诺贝尔经济学奖得主）

从特朗普到拜登，中美经济关系有何不同？

林毅夫：在中国，我们常说，作为一名精英应有志于用自己的所学去造福社会。根据我的观察，斯蒂格利茨教授在整个职业生涯中都在践行这一理念。

我想问斯蒂格利茨教授的第一个问题是：您提到现在中国和美国之间的经济关系与特朗普政府时期有很大不同，主要原因之一是特朗普不懂经济学，而拜登政府更了解经济学。但是，我并没有看到美国对华政策在拜登上台后出现很大的改变，特

[①] 本文根据两位作者在2021年12月19日北京大学国家发展研究院第六届国家发展论坛上的对话翻译整理而成。

朗普执政时期所提出的关税等政策仍然维持不变。那么，从特朗普时期到拜登时期，中美两国之间在经济关系方面产生了哪些不同呢？

约瑟夫·斯蒂格利茨：这个问题非常好。拜登执政已经有近一年的时间，并没有取消对华关税以及其他贸易限制政策。这是因为，在中美摩擦的背后还有其他一些驱动因素。比如美国国内存在很多严重问题，尤其是在产业领域，失业率高、收入水平低。美国在这些方面表现不佳，继而导致了政治方面的问题。出于政治方面的考量，美国向中国开放市场变得难上加难。21世纪初，美国在向中国打开市场的时候，在很多领域都受到了破坏性的负面影响。因此，美国国内担心，如果现在降低关税，会导致相似的情况出现。

我想说的重点是，拜登政府明白，世界各国之间的关系不是零和的，对外贸易是有利可图的，贸易双方都能获益。并且他们也承认，美国的贸易赤字并非由不公平贸易引起的，而是国内总储蓄与总投资之间不平衡的结果。所以，拜登政府的经济哲学确实与特朗普时期不同。

但是，拜登政府为什么仍然延续特朗普时期的贸易及经济政策呢？原因就在于，现在支撑这些政策的逻辑不再是对经济学的误读，而是拜登政府对经济和政治方面问题的考虑。所以事实就是，尽管原因不同，但结果是相同的。

中美关系如何避免掉入修昔底德陷阱？

林毅夫：我们是知识精英，应当用自己的知识来促进社会的发展。对于中国所有的知识精英而言，我们有一个共同目标，就是实现中华民族的伟大复兴。实现这一目标的一个重要指标就是进一步提高人民收入水平以及生活福祉。目前，中国按照市场汇率计算的人均GDP（国内生产总值）大约只是美国的1/6。我们需要继续努力，使这一比例上升到至少50%。到那时，因为人口更多，中国经济体量将会成为美国的两倍。这中间就会经历中美两国换位的问题。

近期有很多讨论，世界第一大经济体和第二大经济体的换位与矛盾似乎经常导致不可避免的修昔底德陷阱。我的问题是，我们应当如何使用知识和智慧，来避免追赶国家和发达国家之间因地位变化而产生的矛盾和冲突？

约瑟夫·斯蒂格利茨：我个人认为，只要两国之间没有军事对抗，国家的经济体量大小并不那么重要。使一个国家富有竞争力的应该是公民个人的能力和创新创业的活力。

举例来说，美国有很多家企业，如果说企业规模是最具决定性的因素，那么每个行业应该只有一家企业才对。美国有非常强势且完备的竞争政策，目的就是确保每个行业都有多家企业可以自由参与竞争。我们相信，许多企业之间的自由竞争才是有利于行业和企业发展的。同样道理，欧洲是继续让很多国家并存，还是进行更深度的国家间融合并不是核心问题，核心问题是欧洲是否保持了竞争，是否促进了创新创业的活力，是否提升了人民的福祉。

这个逻辑可以延伸到中美经济竞争领域。同样的道理是：核心问题不在于中美两国的经济体量谁大谁小，而在于谁更有创新创业的活力，谁更能提高人民的生活水平。这才是两国值得竞争的地方。

有些人认为世界上必须有一个国家占主导地位，或者行业内应该有一家主导企业，我对此持否定态度。欧洲、美国、中国都应该有强有力的政策来保护竞争。我不太认同那种认为一国经济体量决定一切的观点。

发展中国家学习发达国家，为何经常学而无益？

林毅夫：关于这个观点，我想我还没有被您说服。我们都是经济学者，知道贸易是双赢的。两国进行贸易时，一定是较小经济体获益更多，较大经济体获益更少。所以，如果中国的经济体量达到美国的两倍，那么美国将会从与中国的贸易中获益更多。这对美国是有利的。不幸的是，经济政策并不是由您和我这样的经济学家来制定的，所以这个世界还存在着如此多具有挑战性的问题。

我们知识精英不仅应当把知识贡献给自己的国家，也应当贡献给人类和世界。最近大家经常讨论"百年未有之大变局"这个话题，在这种大变局当中，我们也看到了全球治理方面的变化。比如：在20世纪初的1900年左右，当时的"八国联军"，包括英国、美国、法国、德国、意大利、俄国、日本、奥匈帝国，它们的GDP总量按购买力平价计算占全球GDP总量的50.4%；到了2000年，出现了八国集团，包括美国、英国、德国、法国、意大利、俄罗斯、日本、加拿大，加拿大替代了解体的奥匈帝国。八国集团的GDP总量按购买力平价计算占全球GDP总量的47%。这意味着，在近100年当中，这8个国家主导了全球的经济、社会、文化等人类生活的方方面面。我们知道，很多发展中国家在20世纪的100年中也非常努力地发展经济，希望实现国家的现代化，但没有取得多少进展，发展中国家的GDP总量在世界的占比仅提高了3.4%。同时，发展中国家的人口增长率远高于发达国家，以至于人均GDP方面与8个发达国家的差距越来越大。

为什么发展中国家付出了那么多努力却收效甚微呢？对这个问题的思考让我想起了1991年在匈牙利参加一个学术论坛时有幸聆听过您的讲座，是关于经济体制转型的。您的主要观点是，转型国家不应该按照美国所说的那样去做，而应该按照美国实际做的那样去做。那发展中国家无法追赶上发达国家的原因，是否就在于它们是按照美国教给它们的方法（说的）去进行转型，却没有按照美国和其他发达国家实际采用的方式

（做的）去进行发展呢？

约瑟夫·斯蒂格利茨：40年前，美国实际做的是非常重视产业政策，产业政策在推进科研与教育投资等方面发挥了非常积极的作用。

但对外，美国说自己没有那样做。这就是一种自相矛盾。美国告诉其他转型国家：你们应当相信自由市场的力量，不要让政府插手任何事；但与此同时在美国，互联网的诞生与发展、生物医学研究、DNA（脱氧核糖核酸）的发现等等重要事件的背后，都有政府的大力支持。

韩裔经济学家张夏准写过一本很有名的书叫《富国陷阱：发达国家为何踢开梯子？》，指出发达国家自己通过实施行之有效的产业政策和制度实现了快速发展，然后就踢开了那个能使发展中国家爬上去的"梯子"，向发展中国家推荐所谓的（有限政府的）"好政策""好制度"，以此阻碍了发展中国家的发展。

如何改善全球治理？

林毅夫：中国在过去40年能发展得那么好，原因之一就是我们没有按照美国给我们推荐的理念和方式去做。

您在经济学领域的成果使我深受启发，您在全球政策制定领域的积极参与也鼓舞了我。比如，您在联合国多家机构担任主席，向联合国、WTO（世界贸易组织）、WHO（世界卫生组织）等国际机构提出了非常多的政策建议。您的不少政策建议都得到了这些机构的采纳。例如，2014年您建议给深陷债务的国家进行债务重组；面对疫情，您建议新冠疫苗知识产权豁免。如果这些建议得到了采纳并实施，我们所处的世界肯定比现在更好。

那为什么您的一些有坚实论证支撑并一定会造福人类的建议，最终没有获得实施甚至采纳？学者都希望自己的研究成果能够为世界做出有益的贡献，但好建议常常得不到采纳，更得不到实施，我们该如何改善这方面的全球治理？

约瑟夫·斯蒂格利茨： 为什么那些明显正确的政策建议没有获得采纳？以新冠疫苗的知识产权豁免这件事为例。这是我在2020年10月提出的，如果当时这项建议能得到采纳和实施，全球新冠肺炎疫情很可能已经得到了很好的控制，人类在抗疫方面可能已经取得了很大的胜利。讽刺的是，WTO原定于2021年12月初在日内瓦举行讨论疫苗知识产权豁免的会议，却因为新冠病毒变异毒株奥密克戎的流行而被迫取消了。也就是说，WTO当初没有及时采取有效行动，结果影响到了自己。

那么问题来了，为什么WHO和WTO当初没有及时采纳新冠疫苗的知识产权豁免这个提议？其实答案很简单——制药企业反对。制药企业为什么反对？因为它们要从疫苗垄断中获利。销售疫苗给制药企业带来了极大的收益，如果疫苗专利豁免实施了，疫苗价格会下降，制药企业的利润也会大幅下降。然而，如果疫苗专利豁免实施了，全球抗疫形势会大幅好转，病毒也不会产生如此多的变异毒株，比如奥密克戎。所以，这是一个"人民"与"利益"相对抗的例子。

不幸的是，现有国际组织架构受到特殊利益集团的极大影响和制约：在知识产权方面是制药企业，在金融领域是华尔街，在债务问题上是债权机构。原因是什么？在我看来，部分原因在于这些议题与普通民众距离较远，民众之上有地方政府、州政府、国家政府，更不用说全球治理机构了。因此，让老百姓从全球治理的大局角度去看问题是很难的。然而，虽然大众不去关注，但这些议题如知识产权、债务重组机制等等，在真真切切地影响着我们每一个人。

我除了撰写学术文章和专业书籍，还特意写了一些适合大众的科普书、畅销书，还经常在《纽约时报》《金融时报》《世界报业辛迪加》等大众媒体上发表文章。我这样做的目的之一，就是想唤起大众对这些全球议题的关注和参与。制药企业、金融机构、华尔街等，它们明白为什么要关注这些全球议题，为什么要和国际组织在相关议题上进行斗争，但老百姓不明白。我们作为经济学者，有责任把这些问题用浅显易懂的方式解释给大家，呼吁大众站起来为自己的利益发声。利益集团的人只占人类总数的一小部分，我们需要重视的是全人类这个更大的人群。在新冠肺炎疫情下，我们看到了利益的失衡，制药公司攫取了极其庞大的利益，但这是以全人类的健康福祉为代价的。因此，人类社会需要团结起来去重建平衡。

为了新冠疫苗及与新冠肺炎疫情相关的所有知识产权豁免问题，我做了很多努力。我联合许多诺贝尔奖得主以及许多国家的前领导人，共同试图说服拜登和其他重要国家的现任领导人一起支持疫苗专利豁免。我们已经成功说服了拜登，接下来需要说服德国和欧洲其他一些国家。这很不容易，但我希望我们能成功。

在债务重组问题上，只有少数国家支持我们，这将是我们未来几年要打的"一场仗"。

如何有效扩大全球合作？

林毅夫：您提到的许多政策建议都在中国得到了非常好的采纳和实行，包括债务重组和疫苗专利豁免等，中国正在进行实践。

您很关注全球合作，尤其是中国和美国这两个世界最大经济体之间的合作。在第26届联合国气候变化大会上，中美签署了联合宣言应对气候变化问题。这释放出了一个很好的信号，让我们看到了中美合作的可能性。接下来，中美应该如何在此基础上开展进一步的合作，去避免或缓解两国之间的冲突或摩擦？中美关系的缓和对于解决诸如新冠肺炎疫情、非法移民等全球挑战有着非常重要的作用。尽管仍存在着一些对立，但如何才能使两国的合作扩大呢？

约瑟夫·斯蒂格利茨：我明确地提出目前最重要的全球合作就是使全球公共品发挥最大的作用，包括在气候、环境、海洋、医疗等领域的合作。我还提到了全球学者间知识合作的重要性，这种合作使得我们能够联手控制新冠肺炎疫情的肆虐。

急需全球合作的领域还有为贫穷国家进行债务重组以帮助它们提升生活水平；国际货币基金组织特别提款权的落实也需要全球合作，以确保资金被有效用于帮助最贫穷的国家。

我认为，首要的是大家需要理解合作的重要性，以及我们所有人都能够从合作中受益。这个世界最基础的合作一定是人与人之间、机构与机构之间的，包括学者之间与教育机构之间，而不是政府之间。我注意到，一谈起合作，大家都过多地把关注点放在政府间的合作上，但其实组成国家的是人民，人民之间的合作才是最重要的基础。

举一个人与人合作的例子。最近我与尼古拉斯·斯特恩勋爵等欧洲顶级学者以及一些中国学者在研讨绿色转型的问题，比如什么样的政策能够最有效地实现能源转型、系统转型等。讨论非常富有成效，我们彼此启发良多。此时此刻，我和林教授以及其他中国学者通过网络会议系统的对话也是这样一种合作，可以帮助我们交流思想，深化相互理解，达成合作。我们在很多领域都可以互助互补。

美国货币政策收水会带来什么样的影响？

林毅夫： 现在美国正面临通胀的问题，如果美联储采取退出货币数量宽松（Taper）的政策，对于美国经济会产生什么样的影响？

约瑟夫·斯蒂格利茨： 关于这个问题，我们需要考虑的是，提升利率是否是一个好的解决方案。目前，通胀是一个全球性问题，在能源价格、食品价格等方面都有体现。然而，提升利率并不能够帮助我们解决能源问题和粮食问题，反而会使情况恶化。通过提升利率来抑制通胀，会让经济受损。

我们应该做的是帮助大众适应通胀。实际上，短时期内的通胀问题还是比较好管理的。因为受通胀影响最大的人群是老年人，但他们都可以得到社保的保护；工人的工资随着危机时升时降，他们也是相对受保护的。通胀问题最难解决的是与政治问题的关联，因为大众很在意物价的上涨。如果不考虑政治，只从经济角度看，我认为提升利率不是解决目前通胀的好办法，反而会减缓经济复苏的速度。好在目前美国应对通胀的措施非常谨慎，所以美国经济与全球经济的复苏应该不会出现严重的放缓。

第二章
如何理解全球变局的逻辑与中国经济的定力？

林毅夫

（北京大学国家发展研究院名誉院长、
新结构经济学研究院院长、南南合作与发展学院院长）

如何理解"百年未有之大变局"？

"百年未有之大变局"，是习近平总书记在2018年中央外事工作会议上提出的重大论断。[1]

为什么称为"百年未有之大变局"？作为经济学家，我觉得最好的方式是从经济基础和世界经济格局变化的角度来理解。

1900年，八国联军入侵北京。这八个国家是当时世界上的强国，也是当时世界上先进的工业化国家。这八个国家包括英国、美国、法国、德国、意大利、俄国、日本和奥匈帝国。2000年，八国集团包括美国、英国、德国、法国、意大利、俄罗斯、日本和加拿大，跟原来八国联军的构成基本一样，只

---

[1] http://www.qstheory.cn/zhuanqu/2021-08/27/c_1127801606.htm

换了一个国家。众所周知，奥匈帝国在第一次世界大战后崩溃解体，从此退出强国行列，其地位被加拿大取代。

从 1900 年到 2000 年这 100 年，上述八国的 GDP 基本占世界 GDP 的一半。经济是基础，因此整个 20 世纪，世界是和平还是战争状态，基本取决于这八国之间的关系。

比如第一次世界大战前夕，德国跟奥匈帝国结成同盟国，其他六国结成协约国，这八国没能处理好关系，一战因此爆发。第二次世界大战中，德国、意大利和日本结成轴心国，其他五国是同盟国，同样是因为这八国没能处理好彼此的关系，二战爆发。不难看出，整个 20 世纪的走势主要由这八国主导。它们间的关系处理得好，世界就稳定；处理不好，世界就可能爆发战争。

为什么说现在是"百年未有之大变局"？因为到 2018 年，按照购买力平价计算，八国集团经济总量占比已降至 34.7%，也就是占世界 GDP 总量的 1/3 多一点儿。过去，只要这八国处理好相互间的关系，世界上的麻烦事基本都能摆平。现在，这八国的经济地位下降，很多事再也无力主导，最明显的例子就是 2008 年国际金融危机爆发。此前的经济危机，只要八国达成一致，全世界会跟随它们的政策步伐，问题也就迎刃而解。但面对 2008 年的经济危机，八国集团的力量不足，最终通过召开二十国集团会议来寻找对策。

因此自 2008 年后，二十国集团就成了主导世界政治、经济以及关系人类福祉的重大事件的权威机构,这一情况是百年未有。过去的世界由八个工业国家主导,现在的世界由这八个工业国家和其他几个新兴市场经济体国家共同主导。包括中国在内的金砖国家以及其他一些发展中国家正在国际事务中扮演愈发重要的角色,这是百年未有的大变化,也是经济格局变化引发治理格局变化的外在体现。

百年未有之大变局之所以发生,主要是因为一些新兴市场经济体的崛起,其中最重要的力量是中国。因为如果按市场汇率计算,2000年中国的经济总量仅占世界经济总量的3.6%,只有美国的11.8%;而中国现在的经济总量占世界经济总量的17.4%,美国的70.3%,已成为世界第二大经济体。如果按购买力平价计算,2014年中国就已经超过美国,成为世界第一大经济体。

一国的国际影响力会随着经济规模的扩大而不断扩大。百年未有之大变局反映的是经济格局的变化、新兴市场经济体的崛起。在新兴市场经济体的崛起中,最主要的是中国的崛起。

为何中国容易被西方误读?

对世界经济的"领头羊"来说,当发现第二大经济体在其身后不断快速追赶,与自己的差距不断缩小时,心里总会不舒服。这好比两辆差不多大的卡车,跑在前面的卡车司机看着跑在后面的卡车，它的体量跟自己的差不多，但速度却比自己的快，心里肯定会有点不舒服。面对新兴大国崛起带来的挑战，守成大国会觉得自己在世界经济中的占比和号令世界的能力在下降，我想这种不舒服由此而来。

2000年美国的经济总量在世界经济总量中的占比接近28%，现在却被中国赶超（按购买力平价计算），我想美国的心里会有点不舒服。其实美国不只对中国这样，在20世纪80年代日本追赶美国时，也采取了很多限制日本发展的措施，如"广场协议"。

如果我们继续往前追溯，在过去500年的时间里，新兴大国赶超守成大国并最终取得成功的案例曾上演15次，其中有11次引发了战争，这就是所谓的"修昔底德陷阱"。

此外，中国的崛起道路与西方国家曾经走过的道路不尽相同，这一点也容易引起西方国家的不理解。

我们知道，西方对中国的赶超是从18世纪开始的，西方迅速发展的一个关键因素是工业革命。为什么会发生工业革命？马克斯·韦伯认为，英国人从信仰罗马天主教转向信仰基督新教后，思想理念发生了改变，由此带来了资本主义和工业化。

很明显，中国的发展道路与此不同，这也是引发不理解的部分原因。但在我看来，更重要的原因还是守成大国面对新兴大国的挑战，以及自身地位下滑引发的情绪性反应。

中国需要在国际舞台上做出什么样的转变？

从一个贫弱之国发展为世界上举足轻重的大国，中国需要相应地调整自身定位与对外政策。

过去中国国力相对较弱，当时我们的心态主要是学习借鉴，希望通过自己的力量把国内经济发展好，提高人民的收入水平和生活水平，满足人民的期望。

结果，中国以奇迹般的速度实现了对西方国家的经济追赶。从购买力平价看，中国现在已是世界第一大经济体，同时也是世界第一大贸易国，我们是120多个国家和地区的第一大贸易伙伴，70多个国家和地区的第二大贸易伙伴。这意味着对世界上90%的国家和地区来说，中国在对外贸易中都极其重要。

在这样的背景下，中国的发展和政策肯定会对世界产生很大影响，我们的认知也必须随着国家地位的提升而与时俱进。

对世界而言，中国现在是举足轻重的大国。中国自己走出了一条发展道路，正如联合国《发展权利宣言》中确认的那样，"发展权利是一项不可剥夺的人权"。中国的发展是中国人民的权利和追求，我们有必要让全世界了解这一点。

此外，我们还必须让全世界理解一个问题，即中国的发展模式与西方的发展模式不同。

西方国家在借工业革命之东风发展壮大后，基本都走上了殖民化的道路，通过殖民其他国家和地区来掠夺资源。中国走的是一条和平发展之路，完全通过市场交易来发展经济。中国是世界第一大贸易国，熟悉贸易理论的人都知道，贸易是双赢的，但总体而言小国得到的好处比大国得到的好处更多。中国现在的经济体量跟美国差不多，因此中美两国通过贸易得到的好处也基本相当。世界第三大经济体是日本，中国的经济规模约为日本的 2.8 倍。虽然中日两国都能通过贸易得利，但日本得到的好处更多，其他经济规模比日本小的国家更是如此。

中国发展的目的是不断满足人民日益增长的美好生活需要，这也是联合国《发展权利宣言》中确认的一项基本人权。从这个角度而言，中国做好了自己的事。中国的发展不只惠及中国人民，更是为增加全世界人民的福祉做出了贡献。中国是通过公平贸易而非走殖民主义道路来实现发展的。因此中国发展得越快、体量越大，对世界人民的福祉贡献也越大。

我认为非常有必要让全世界了解中国的发展方式，向全世界解释清楚中国的发展能为世界人民福祉做出贡献。讲好中国故事，尤其是中国发展的逻辑和追求，让世界了解中国。

与此同时，中国也要关心世界，承担大国的责任。

目前世界上仍有很多发展相对落后的国家需要得到外部的援助。一国如果没能解决好内部事务，可能带来各方面的不稳定。比如经济不稳定会导致难民问题，无论是经济难民还是政治难民，都可能给他国造成负担。过去中国经济体量尚小、经济水平相对落后、人民生活相对贫困，做好自己的事就是对世界最大的贡献。但现在中国已经发展起来，有能力给其他国家带来更多好处，我们也应该把这些事情讲好并做好。

中美能否避免"修昔底德陷阱"？

虽然我们可以以史为鉴，但历史不会总是重演。前面我们提到过，在过去500年的时间里，新兴大国赶超守成大国并最终取得成功的案例曾上演15次，其中有11次引发了战争。乍一看战争发生的概率很高，但我认为过去的事情不见得会再次发生，如果仔细分析，今天的状况跟过去还是有所不同的。

第一，过去的新兴大国在超越守成大国时，两国的人均GDP水平差不多，产业结构也非常接近。第二，过去新兴大国超越守成大国的那个时代还是殖民时代。一旦守成大国被新兴大国超越，就意味着前者必须将殖民地让渡给其他国家。因此这是一个零和博弈，弱国的利益会被强国的利益所取代。现在，我们已告别殖民时代，经济的发展方式也转变为全球贸易。

在产业结构方面，中美两国还有不小的差距。决定产业结构的是人均GDP，中美两国的人均GDP差距很大。按照市场汇率计算，2019年美国的人均GDP就已突破6.5万美元，而我国人均GDP现在才刚刚超过1万美元。不难看出，我们还在追赶阶段，双方的产业结构基本互补。我国发展得越快，越需要美国产品，也可以给美国提供更多质优价廉的生活必需品。

所以我国的发展对美国也有好处：一方面为美国商品创造了越来越大的市场，有利于促进美国的就业；另一方面也为美国提供了生活必需品，既有利于美国的经济发展，也有利于美国人民的生活，是互利双赢的。这和历史上的新兴大国与守成大国的产业关系有明显不同。

中美两国都是大国，倘若真的爆发冲突，都会遭受巨大损失，更不用说战争了。中美两国在经济上可以互利双赢，我想只要守住这个底线，中美两国就可以求同存异。中国要发展，这是中国的权利。中国的人口将近是美国的 4 倍，只要中国的人均 GDP 达到美国 1/4 的水平，其经济规模就会变得跟美国一样大，我认为这是一定的。

因此，在吸取历史经验的同时，我们不能简单地照搬历史经验，还要结合当前的世界格局，分析中美两国关系的主流方向和基本盘。

在我看来，最主要的还是让两国人民生活得更好。中国要发展，中国人民才能生活得更好。中美关系处理好了，美国人民也能生活得更好。我想这也是美国人民之所愿，更是中美两国合作交往最重要的基础。

如何理解"全球化"与"逆全球化"？

"逆全球化"思潮之所以出现，主要是由于在全球化过程中，发达国家内部收入分配差距不断扩大。有学者简单地认为，这是由全球化造成的格局导致的。但实际上，全球化是可以实现双赢的。

比如近年来，美国社会收入分配差距扩大，有些人想当然地认为，这是由于中国卖到美国的产品非常便宜，造成了美国制造业的衰败。这些人的观点是，美国蓝领工人的工作被中国人取代了。其实从奥巴马时代开始，美国就希望实现制造业回流，特朗普执政时则变本加厉，对中国发起了贸易战。

贸易战让美国如愿了吗？美国还在从中国进口它需要的绝大多数产品。就算制造业移出中国，也是转到越南、柬埔寨等国，根本无法回流到美国，就业机会也同样无法回流到美国。因此，美国发动贸易战是损人不利己。美国从中国进口的产品以生活必需品为主，一旦提高关税，美国老百姓就要为此支付更高昂的价格。退一步讲，如果把制造业转移他国能够解决问题，这么多年来美国早就该开始布局了，无须等到今天。之所以没出现转移，只能说明把制造业转移到他国的成本更高。

无论是把制造业继续留在中国，还是转移到越南和柬埔寨等国家，美国消费者都要支付更高的价格才能买到生活必需品，老百姓的生活肯定受到影响。因此，把欧美国家分配不均现象简单归咎于全球化是找错了原因。如果按照这种错误的思路来解决问题，这些国家付出很高的代价可能仍然收效甚微，"雷声大雨点小"，更高的生活成本只会伤害本国的低收入群体。

2017年，国家主席习近平在出席世界经济论坛年会开幕式时，发表了题为《共担时代责任 共促全球发展》的主旨演讲，强调要坚定不移推进经济全球化，引导好经济全球化走向，打造富有活力的增长模式、开放共赢的合作模式、公正合理的治理模式、平衡普惠的发展模式，牢固树立人类命运共同体意识，共同担当，同舟共济，共促全球发展。[1]习近平主席的主旨演讲获得舆论界、企业界和学术界的高度赞扬。因此我认为，全球化还是整个世界的基本经济格局，只要遵循和平和贸易双赢的规则，全球化就有利于改善效率，是每个国家的利益所在。

全球化对每个国家整体有利，但如果具体到一国的内部，可能不是每一个群体都能从全球化过程中获益。比如美国的华尔街和硅谷可能受益更多，传统制造业或中低端服务业则获益很少，甚至受损。假如美国选择在国内生产这些生活必需品，这些物品的售价可能更高，对消费者是不利的。因此，美国必须通过全球化的运作，经由他国进口这些美国已经失去比较优势的产品。如若不然，美国的劳动力和资本就无法释放，无法把劳动力和资本重新配置到具有比较优势的产业上。对美国这样的国家而言，只有不断地把资本和劳动从附加值低、已经失去比较优势的产业中释放出来，重新配置到比较优势较明显

---

[1] 2017年1月17日，国家主席习近平在瑞士达沃斯国际会议中心出席世界经济论坛2017年年会开幕式，并发表题为《共担时代责任 共促全球发展》的主旨演讲。参见：http://www.gov.cn/xinwen/2020-12/15/content_5569594.htm。

的产业中进行产业升级，经济才能获得进一步发展。所以如果没有全球化，这些国家的经济增速将变得更慢，甚至趋于停滞，引发很多经济和社会问题。

因此在全球化进程中，每个国家内部也需进行动态调整，把那些已经失去比较优势的产业及其释放出的资本重新配置到比较优势较为明显的产业中去。与此同时，针对传统产业释放出的劳动力进行培训，提升这部分人的职业技能，令其有能力在新的产业浪潮中实现再就业。我认为只有这样，一国经济才能实现持续发展。否则，这部分人的利益可能在产业结构转型中不断受损，一国经济发展也会受到影响。

我认为，这需要有效市场和有为政府双管齐下，共同发挥作用。目前世界上的一些国家在有为政府这方面能力较弱，未能针对其国内产业结构发挥政府应有的因势利导作用。这方面需要继续改进，不能一味地把矛盾转嫁给全球化。

在全球化进程中，面对本国不同群体获益不同的局面，政府需要头脑清楚，要看清当前局势、机会所在、挑战所在。此外，政府还需创造条件抓住机会，调度各方资源克服困难。如果政府不积极作为，有创新能力的企业家即便想创新也很难继续。

同时，在产业结构升级的过程中，从传统制造业释放出来的劳动力要么转去从事很简单的工作，赚取微薄的工资；要么难以就业，失业群体也会增多。因此，政府应积极作为，从宏观着眼抓住机会，调动资源，用好资源，对人才和产业进行升级和重新布局，及时出台政策克服困难。

如何理解双循环？

双循环的提出有针对短期因素的考量，比如现在新冠肺炎疫情仍在蔓延，世界经济受到很大冲击。在其他国家因疫情导致经济衰退、需求减少的情况下，中国疫情控制得力，生产已经基本恢复。当时因为国外需求暂未恢复，所以必须依靠国内来消化。此外受疫情影响，全球供应链有可能中断，要继续维持国内生产，就必须靠国内力量来补充供应链，所以需要打通更多国内循环。

除了短期因素影响，双循环政策更是经济基本规律的体现。一般而言，决定一国国际国内循环占比的因素，主要有两个：一是服务业在 GDP 中的占比，二是国家的经济体量。经济体量越大，国际市场的占比越低。相反，如果一国国内市场规模很小，该国就必须更多地依靠国际市场。

目前我国制造业规模非常大，国内市场的消化能力提高当然好。相比制造业，服务业更依赖国内市场，因为很多服务是不可贸易的产品。比如理发，虽然也是服务，但没办法实现全球化。

随着人民收入水平的提高，我国经济总量在世界上的占比越来越大，出口占比越来越低，同时服务业在国内产业中的占比也在提高，双重力量使得我们依靠国际市场的比重会自然地不断下降。比如：在 2006 年，我国出口占 GDP 的比重为 35.4%；到 2019 年，也就是双循环政策提出的前一年，这一占比就降至 17.4%，减少了大约 50%。

再来看人均 GDP，2006 年时我国人均 GDP 为 2099 美元，到 2019 年这一数字上升至 10261 美元。而同时期我国的经济体量也从 2006 年占世界比重的 5.3% 上升至 2019 年的 16.4%。这样一组数字对比也正好印证了我前面所说的，一国经济体量越大，其出口占比就越低。与此同时，随着人民收入水平的提高，服务业的占比也在同步提高，从 2006 年时占整个 GDP 的 41.8% 上升到 2019 年时的 53.6%。

正是服务业占比上升和经济体量壮大这两个因素，造就了我国在 2006 年到 2019 年这段时间内，出口或者说国际循环占比的下降。

展望未来，我国人民的收入会继续提高，我国经济总量在世界经济中的占比也将继续提高。与此同时，随着我国税收水平的提高，服务业的占比也会提高。在这种情况之下，国内循环的比重肯定会越来越高，国际循环的比重会继续相对降低。

但是，所有这些都是以收入水平提高为前提的。该如何继续提高人民的收入水平？我们必须发展经济。怎样才能更好地发展经济？只有结合国家的比较优势，经济才能发展得好。我认为，一国的比较优势和经济发展是一组正向激励，即越是按照一国的比较优势来发展经济，不仅经济发展会好，该国的比较优势也会越加突出。

在这样的背景下，我们不仅可以依靠国内市场，也可以进军国际市场。因为国内市场再大，跟国际市场相比还是要小很多。比如 2019 年我国经济规模占全世界的 16.4%，世界其他国家占比为 83.6%。不难看出，虽然我国是世界第一或第二大经济体，但国际市场的体量是我国体量的几倍。在这种背景下，我们还是要争取把我国具有比较优势的产品打入国际市场。

过去我们经常说，要充分利用国内和国际两个市场、两种资源。如今在新发展格局以国内市场大循环为主体的同时，也要国内和国际市场双循环相互促进。只有这样经济才能发展得好，人民收入水平才会提高，经济体量才会变大，服务业占比也随之提升，国内市场循环的比重也会进一步提高。

2021 年，中国加入世界贸易组织已经 20 周年。2001 年时，我国经济体量在世界上占比还相当低，当时的 GDP 按照市场汇率计算只占全世界的 3.6%。2020 年时，这一数字就上升到 17.4%。入世让我国有机会按照经济发展规律，充分利用国内和国际两个市场、两种资源。

展望未来，我认为中国仍要坚定推动全球化进程，比如倡导针对 WTO 的改革。与此同时，中国也要积极加入其他有利于贸易往来的贸易组织，比如 RCEP（区域全面经济伙伴关系协定）和 CPTPP（全面与进步跨太平洋伙伴关系协定）等，这些都是表明我国将继续参与并支持全球化的举措。同时，我们还要给世界上其他国家提供市场。因为按照购买力平价计算，我国是最大单一市场。

如何理解近几年的产业政策与改革措施？

近几年出台的教育领域的"双减"、平台经济反垄断、"双碳"等，都是必要的改革。比如"双碳"目标主要是为了应对全球气候变化，各国通过《巴黎协定》做出统一行动安排。中国作为一个大国当然要遵守承诺，致力于实现将全球变暖限制在 1.5 摄氏度的目标。

从历史上来看，中国的二氧化碳排放量比发达国家少得多，但当下我国每年的碳排放总量世界第一。在上述背景下，我国有必要落实"碳达峰"与"碳中和"的承诺，这要求我们必须从现在做起。如果从 2030 年才开始行动，这个目标就无法兑现。

再来看其他方面的改革，比如"双减"。在我看来，义务教育是国家要做好的事。如果没能把义务教育搞好，家长就想为孩子找补习班，一方面增加了家庭的负担，另一方面也会带来"剧场效应"，即看演出时，前排的人站起来了，后排的人也不得不跟着站起来。说到底，国家还是应该把义务教育搞好，不然可能所有的家长和孩子都在不停地奔波努力，实际上没能获得实质性的进步，孩子也因此失去了快乐的童年。

房地产实际上还是我国的支柱产业，正所谓"房住不炒"，国家的政策已经很清楚。一旦房地产变成过度炒作和投机的领域，就可能带来系统性风险。这样的先例有很多，无论在欧美国家还是其他发展中国家，金融危机的爆发很大程度上都是由房地产的泡沫破灭造成的。因此，我们应关注房地产的健康发展。

对平台经济而言，其创新的一面是好的，值得鼓励。但垄断不利于创新，更不利于收入分配。因此反垄断不是针对创新，消除垄断反而能够更好地支持创新。

这些必要的改革，到底该现在做还是未来做？我认为各有利弊。现在做有现在做的好处，比如房地产业面临的挑战，我们如果现在不控制好，一旦将来引发风险，反而更难以处理。

在经济遇到问题时，西方国家经常借助货币政策，比如宽松银根的方式来渡过难关，但很难进行结构性调整，这可能是中国目前敢于进行逆周期调节和结构性调整的最大优势。2021年第一季度，中国的经济增长率达到了18.3%，非常高。当时，国外预测我国2021年经济增长可能达到8.5%，甚至还有更高的预测。我国以6%为增长目标，给自己留出了一定的改革空间。

如何看待未来的增长动力与发展前景？

2022年及未来，我国经济增长空间依然很大。世界范围内来看，2022年疫情带来的负面影响或将进一步缓解，许多国家的生产未来将陆续恢复，对我国产品的进口需求可能会相对减少。因此，我国未来的经济增长要更多地靠国内需求来拉动。

国内需求主要是投资和消费两方面。投资还有相当大的增长空间，比如可以用数字产业化的手段来改造实体经济，借助大数据的力量创造出新的产品和服务类型。

此外，还有新经济的贡献。我国拥有规模庞大的传统产业，在某些方面，跟发达国家的差距比较明显，而在5G、移动通信、家电等方面，我们的优势也非常突出。无论差距还是优势，我们都可以通过数字化的手段改造传统产业，提升其效率，这本身就会带来投资，拉动经济增长。

与此同时，要发展数字经济就必须配备一定规模的基础设施。与新经济相关的基础设施投资需求很大，回报率很高。

另外，我们要实现"双碳"目标，就需要用科技来进行产业升级，这也需要投资。综合来看，未来可以投资的领域很多。诚然，对于有些地方上的投资平台，业界一直存有担心。这种担心主要针对短债长投的问题，如果单纯看负债比重，从全世界范围来看，我国居于较低水平。地方上的投资既然是投在公共服务和公共基础上，那就需要用长期资金，而非仅靠投资平台或银行借短贷。我认为，一定要解决好期限错配的问题。解决好这个问题，用公共财政来支持投资还有很大空间。

此外，我国居民储蓄率较高，如果有好的投资机会，相信老百姓也愿意参与其中。因此总体来看，2022年及未来，中国经济依然有比较大的投资空间。

投资增长，就业就会增加，收入水平也会相应提高，接下来还会带动消费增长。消费增长取决于收入水平的提高，而收入水平的提高则取决于生产力水平的提高。只有技术持续创新、产业持续升级，生产力水平才能获得持续提高。归根结底，这一切都需要投资。因此，只要安排好投资项目，不仅投资需求能增加，消费需求也会跟着增加。

如何理解美联储的收水效应？

自2008年以来，美国实施了无限制的量化宽松政策，印了大把钞票，但实体经济投资一直增长很慢，甚至没什么增长。这些钱都去哪儿了？答案就是股市。2008年我到世界银行担任首席经济学家，当时美股道琼斯指数大约在12000点，许多人觉得这里面泡沫太多，一定会有调整。然而从2008年到现在，美国的结构性问题一直没有得到根本性解决，还是靠超发货币得过且过，实体经济的发展也依旧没有根本性的起色。

目前美股道琼斯指数约为28000点，如果12000点时就有很大泡沫，那现在的实体经济情况还不如2008年，泡沫岂不是更大？大家都清楚，泡沫终有一天会调整，只是不知道这一天何时到来。因此，我们对这个问题应高度关注，特别是关注它可能引发的滞胀情况。

但最重要的还是要做好我们自己的工作，外在冲击对全世界和中国都可能带来负面影响，我们只要做好自己的事，还是有能力保持国内经济的稳定发展。

如何理解共同富裕？

要理解共同富裕，我们必须先理解共同富裕的实现路径。"十二五"规划中曾提到"一次分配"，即同时达到公平和效率的目标。"二次分配"主要是更好地解决公平问题，帮助弱势群体，帮助鳏寡孤独。"三次分配"属于企业家的捐赠，在这方面，我们也可以有相应的政策，比如社会公益性捐赠可以减免所得税。如果有相应的政策，企业家们也会乐于更多、更积极地做公益捐赠。

对许多企业而言，财富一旦壮大到某种程度就只是个数字，公益捐赠也可以带来成就感。人的一生不只是为了追求银行账户里面的数字，更是为了追求自己的能力和才华得到实现、得到社会的肯定。因此，大家都需要好的社会大环境，如果社会不稳定，肯定会影响个人的发展和能力的发挥。

我认为，实现共同富裕最好的方式是按照比较优势来发展，这可以在初次分配时兼顾公平和效率，经济也会迸发出强大的竞争力，还能创造大量的就业机会。如果能实现上述目标，低水平收入者可以分享经济增长的果实，不仅能兼顾公平和效率，还能缩小收入差距。

众所周知，低收入阶层主要靠劳动力获得收入，而高收入阶层相当多的收入来自资本回报。如果按照比较优势发展，不仅经济发展得快，资本也积累得快。资本会从相对短缺阶段逐步发展到回报率很高，甚至是相对丰富的阶段。劳动力也会从相对充足、工资水平很低的阶段发展为相对短缺、工资增长很快的阶段。一旦劳动力实现快速增值，低收入阶层的资产会随之快速增值，高收入阶层的资产可能会相对贬值，这样一来收入分配差距也会相应缩小。

在第二次分配阶段，如果同样按照比较优势来发展，企业有自生能力，不需要政府补贴，经济发展得好，政府税收也会更充足。在这样的情况下，政府就能拿出更多的钱投入基础设施和公共服务领域，在一定程度上缩小不同阶层间的收入差距，鳏寡孤独和暂时失业的人群也能得到及时救助。在此基础上，如果我们能通过一些政策调节，比如以社会捐赠可以抵税的方式来鼓励高收入阶层，未来可能会有更多人积极参与到第三次分配中。

共同富裕是一个非常好的目标，要按照比较优势来加以实现。采用这样的路径需要两个前提：一是有效的市场，二是有为的政府。只有这"两只手"双管齐下，一起发挥作用，经济才能实现稳定发展，社会也会日益和谐。

如何理解有效市场与有为政府？

市场和政府是经济发展中最重要的两个制度安排，主要目标还是要把经济发展好。

要实现这一目标，需要一个有效市场按照比较优势发展。然而这种发展模式也会带来结构的动态变化，需要不断创新技术、升级产业。这个过程中必然会出现一些外部性问题，比如遭遇基础设施、制度安排方面的瓶颈限制。虽说这些限制都属于市场的范畴，但如果政府不出手帮助企业克服困难，经济发展或将遇到更多障碍，技术创新和产业升级的速度也会慢下来，经济发展速度可能越来越慢。

在这样的情况下，有效市场和有为政府间是什么关系？市场要有效，必须克服各种瓶颈限制，不然何谈有效？因此，我们从新结构经济学的角度提出有效市场和有为政府，就是以政府有为为前提，以市场有效为依归。如果政府的作为超过有效市场的需要，那可能事倍功半；但如果市场明明遇到瓶颈，政府却不去作为，那就成了不作为政府。

当然，政府不作为不好，乱作为也不好，理想的状态是政府有为、市场有效，这样经济才能发展得更好。需要强调的是，尽管政府需要"有为"，但其行为也不能突破法律规定的范围。因此，我们更应聚焦如何让经济发展得更好，同时兼顾公平和效率，实现高质量发展。在这个大前提下，再来谈市场和政府该扮演何种角色、发挥什么作用。

我们知道发明主要由两部分内容组成，一是基础科研，二是新技术、新产品的开发。一般而言，企业家对开发新技术、新产品积极性很高。因为虽然开发有风险，但成功后可以申请专利，在法律的保护下独享十几、二十年的垄断地位。重赏之下必有勇夫，风险再大也有企业愿意尝试。

基础科研的开发风险更大，科研成果往往只是一种公共技术产品，因此企业家参与研发的积极性不高。然而，如果企业家不做基础科研，新技术、新产品的开发就是无源之水。在这种状况之下，政府必须支持基础科研。根据国家自身的技术产业发展方向，政府超前投资基础科研，取得突破后企业家就可以接棒，在此基础上继续研发新的产品和技术。乔布斯时代的苹果产品以及现在的特斯拉等，都是建立在国家前期基础科研成果上的，由企业家接着开发新产品和新技术，这才是有为政府该做的事。

作为发展中国家，中国的科研能力已经居于世界前列，但在政府支持基础科研力度方面仍需加强，我们距离发达国家仍有一段要追赶的路程。如何追赶学问很深，比如不同产业对基础设施的要求不同，新经济要求新型基础设施，政府需要满足不同类型的需求，否则经济就发展不起来。这也是有为政府该做的事。尽管过程非常烦琐，政府不能以法律上没有相关规定为由拒绝作为。政府不作为，新经济无法发展壮大，产业结构无法升级，生产力水平也不能提高，就业无法增加，收入水平也不能提升。

因此，一国经济要实现稳定发展，必然需要有效市场和有为政府这两只手同时发挥作用。有为政府的目标是让市场有效，因为只有市场有效，经济才能发展得好。假如政府无法因势利导，及时根据产业技术和社会发展的需要来弥补市场之不足，市场就不会有效。

虽然有为政府和有效市场的概念并不太难理解，但实践起来并不容易。近百年来只有大约13个发展中国家实现了经济发展的赶超。我认为那些没能实现赶超的国家主要是思路问题。这些国家在发展过程中，大都以发达国家的理论和经验做参照，然而这些理论的观点也并不统一。比如凯恩斯主义强调政府发挥作用，新自由主义则强调有限政府、政府不该有为，这些国家也受这些理论的影响，摇摆不定。

还有一个问题是，这些国家基本以发达国家模式为参照系，也就是说，发达国家有什么，这些国家也希望有什么，完全亦步亦趋，结果导致收效甚微。我们如果观察那些发展比较好的发展中国家，就会发现它们都有一个特点，即选择不同的参照系，根据自身情况因地制宜，在有效市场和有为政府的共同作用下，抓住一个能做好的"牛鼻子"，先把它做大做强。

我认为，把能做好的做大做强才是最重要的，其中的关键是思路和参照系的问题。基于上述认识，我提出新结构经济学：发展中国家能做好什么，需要参考其自身的要素禀赋，也就是结合其比较优势来判定。对发展中国家而言，在有效市场和有为政府的共同作用下，把自己有比较优势的产业做大做强。发展中国家不能跟着发达国家亦步亦趋，基础设施、教育问题、让金融服务实体经济、调节收入分配等，才是政府该做的。发展中国家不能凡事都对标发达国家，忽视了自身的实际情况。

如何理解中国经济未来的发展潜力？

我始终认为中国经济有每年8%的增长潜力。结合目前的实际情况，我认为到2035年中国经济还能保持每年8%的增长潜力。

讨论增长潜力首先要弄清经济增长的本质是什么。经济增长的本质就是收入水平不断提高，这需要通过提高劳动生产力水平来实现。如何提高劳动生产力水平？这需要现有产业不断创新，高附加值的新型产业必须不断涌现。无论是发达国家还是发展中国家，这都是发展的必由之路。

然而发达国家和发展中国家的实际情况也有差异，即发达国家的产业和技术已经居于世界最前列，想要实现技术创新和产业升级就必须自己发明创造。这一过程投入大、风险高。从发达国家的历史经验来看，其年平均经济增长率和人均收入增长率基本稳定在2%这一水平，过去100多年这一数字都非常稳定。

发展中国家具有后来者优势，因为自身科研水平相对落后，这些国家可以直接利用发达国家已经成熟的技术进行创新，也有机会直接引进发达国家发展成熟的高附加值产业进行产品升级。

因此，发展中国家可以利用其与发达国家间的技术差距，在引进发达国家先进技术的同时，对其进行消化、吸收、再创新。这种做法的成本和风险相对较低，可以给发展中国家带来更快的经济发展速度。这也是改革开放后，我国在40多年的时间内，连续保持年均超过9%的经济增长率的原因。这一经济增速是发达国家的3倍。

为什么说2035年之前，我国仍有8%的经济增长潜力？主要是因为2019年时按购买力平价计算，我国人均GDP为14128美元，约为美国的22.6%，基本相当于1946年时德国与美国的差距，1956年时日本与美国的差距，1985年时韩国与美国的差距。在接下来16年的时间里，德国的平均年经济增速为9.4%。1956年到1972年间，日本的平均年经济增速为9.6%。1985年到2001年间，韩国的平均年经济增速为9%。

诚然，我国现在正面临人口老龄化问题，给劳动力增长带来很多负面影响。我们还是来看德国、日本和韩国。如果剔除人口增长因素，这三个国家仅靠劳动力增长拉动的经济增长占比有多少？1946年到1962年，德国年均人口增长率为0.8%，也就意味着年均劳动力生产率提高带来的经济增长有8.6%。1956年到1972年，日本年均人口增长率为1%，年均劳动力生产率提高带来的经济增长是8.6%。1985年到2001年，韩国年均人口增长率为0.9%，年均劳动力生产率增长带来的经济增长为8.1%。

到2035年，中国可能出现人口零增长。德国、日本和韩国剔除人口增长所实现的经济增长都曾超过8%，因此我认为中国经济也有8%的增长潜力。当然，这个潜力只是从供给侧技术可能性分析而得出的结果，具体情况还要结合国内国际形势综合分析。潜力意味着有较大的发展空间，这一点非常重要。总的来讲，我相信未来数年经济实现6%左右的实际增长应该完全有可能。

第三章
全球经济的新挑战与合作应对的必要性[①]

姚洋[1]　迈克尔·斯宾塞[2]

(1. 北京大学国家发展研究院院长、
BiMBA 商学院院长、南南合作与发展学院执行院长
2. 2001 年诺贝尔经济学奖得主)

如何理解数据全球化与本土化之争？

姚洋：您强调，中美现在不应再把时间和精力浪费在分歧上，为了全人类的福祉，两国需要重新构建一个更具建设性的新型关系。

您提到，世界现在面临的最大挑战之一在数字经济领域，尤其是数据的跨境流动。这是中美之间一直悬而未决的问题。中国的立场是，一国生产的数据应该只能在这个国家内流动和

[①] 本文根据两位作者在 2021 年 12 月 19 日北京大学国家发展研究院主办、中国石油集团国家高端智库联合主办的第六届国家发展论坛上的对话翻译整理而成。

使用，而美国则认为应允许数据进行自由的跨境流动。但我们看到，在如 TikTok（抖音海外版）这样的案例中，美国似乎正在改变立场，也开始认为数据应该保留在生产数据的国家。您对此的看法是什么？

迈克尔·斯宾塞： 您提的这个问题对于公民和国家而言都很重要。我们现在看到的是，政府最高层对于数据的监管越来越严格。这种情况非常普遍，不仅在中国和美国，欧洲国家对于数据的管理和使用也有严格的监管。在这方面，美国是发达国家中的代表。

数据安全非常重要。较为现实的方法是建立一个规则，要求某些种类的数据只能在本国之内留存和流动，我指的是个人/公民数据、企业数据等。原因在于国家对此类数据的监管有非常强烈的意愿，如果让数据流入其他主权国家，监管的难度就会提高许多。我认为我们应该接受这种情况，因为这是一个很现实的监管理念，没有其他更合理的替代方案。我们需要坐下来讨论，究竟哪些数据属于需要被严格监管的敏感数据。

如果对所有数据都严格限制跨境流动，可能会对一些领域的发展产生不利影响，比如全球供应链、全球金融市场等。如果没有跨国的数据，这些领域的效率会大大下降。

因此，虽然还没有一个完备的路径图，但我认为可能的解决方案是，对于不同类别的数据实施不同的监管政策：有些数据必须留在国内，被严格监管；而全球经济金融网络有效运行所需的那些数据，就可以允许其跨境流动，当然不是毫不监管，而是不要完全限制其流动。我想这是我们应该前进的方向。

中美如何能在气候变化问题上形成共识与合力？

姚洋：气候变化问题是人类目前共同面临的最大挑战。中美两国都是应对气候变化积极且重要的参与者。您提到，目前两国间的技术交流遇到了阻碍，必须早日转向紧密合作，开发新的技术去应对气候变化等一系列危机。同时，其他发展中国家，尤其是非洲国家，需要更新它们的工业技术才能确保世界的全面绿色与低碳。但这种技术转换会使非洲国家的产业和工业化产生极其巨大的成本。中美该如何合作来共同帮助非洲等地区的发展中国家实现环保技术的推广和应用？

迈克尔·斯宾塞：首先，我认为两国应该认识到：把应对气候变化所需的有用技术的跨境流动最大化是一个合理正当的多边问题，我们应该加强多边机制，甚至可以创建出新的多边机制，从而确保相关技术可以最大程度且最有效地跨境流动。

这是一个多维度的问题。在技术方面，应该让一国的先进技术惠及世界，比如中国的太阳能技术；在经济方面，以太阳能技术为例，过去太阳能技术的成本很高，但是现在在世界许多地区，特别是在日照充足的地区，太阳能是可以代替化石燃料的。但这是一种资本密集型技术，需要考虑资本成本。在不发达国家或金融机构处于早期发展阶段的国家，就需要中国和美国这样的成熟国家去帮助它们降低投资成本，通过不同类型的保障使绿色技术的应用在这些国家更加经济可行。

这是一个多维度的问题。我认为目前最好的做法首先是要承认中国、美国、欧洲都拥有非常重要的先进技术，可以帮助人类应对气候变化；其次，我们需要展开合作，需要一起来规划如何在多边框架之下推进这件事情。中国国家主席习近平经常提到多边机制，这是非常重要的。在这场战斗中，我们虽然不能保证一定会获胜，但我觉得两国还是有共同合作的空间来攻克难关的。

我还想讲一点，中美两国都是超级大国，但很可惜在减碳方面并没有完全走在正确的方向上。中国承诺将在2030年前实现碳达峰，这一目标根据我们的预测应该是可以实现的。美国经济在未来可能不会有特别大的发展，现在美国的碳排放也在逐渐减少。我想，美国和中国需要记住的一点是，如果两国中有任何一个国家放弃减排承诺，或者有任何一个国家不重视减排，那么就会使世界其他国家丧失努力的动力，很难做好自己的减排工作。因为如果没有中美两国的参与，世界是无法实现全面减排的。中国、美国及加拿大、印度、日本、欧洲、俄罗斯，这六个地区的碳排放量占全世界的70%~75%，甚至更多。如果其中有国家退出，世界就很有可能倒退回起点。因此，我们必须负起责任，做出榜样。

姚洋：林毅夫教授在担任世界银行首席经济学家时，提出了一个计划，希望增加在非洲的基建投资。您认为我们现在是否还有这样的机会来应对气候变化的问题。

迈克尔·斯宾塞：当然，我也支持这个计划。但可能现在我们要对计划中的一些事项稍做修正，因为现在这些国家的发展部分取决于其移动互联网的基础设施建设。这不仅是指物理概念上的基础设施，比如线缆、基站等，还包括智能手机、数据流速达到 4G 水平的网络等。只有拥有这些条件之后，这些国家才有可能实现包容性的经济发展模式，尤其是当移动互联网在这些国家的渗透率达到 70%~80% 的时候。我们可以看到，这些国家应对新冠肺炎疫情不力的原因之一也是缺乏关键的基础设施，而且这些国家的疫苗接种率也非常低。所以说，这些国家需要加速关键基础设施的建设，包括数字化的基础设施。在这方面，需要发达国家与中等收入国家携手合作，以帮助低收入国家实现发展。

如何实现效率优先与共同富裕之间的平衡？

姚洋：如何实现共同富裕是目前在中国被热论的一个话题。您也提到了共同富裕可能和效率之间存在一些矛盾。关于政府应当更积极还是更保守这一点，美国国内也一直存在激烈的争论。正如您所说，我们需要寻找到一个平衡。您认为这个平衡是什么样的？

迈克尔·斯宾塞：积极地实现共同富裕，中国提出这个目标并不令人吃惊。在美国，我们将其称为解决收入不平等以及贫富差距过大的问题，而这的确可能会影响经济的活力和效率。简单地说，实现共同富裕有好的方法，也有不好的方法，这个问题并不容易解决。

谈起共同富裕，美国人的普遍想法是，这在一定程度上是向某种形式的社会主义制度发展，并认为在这种情况下，大家可能就不会关注创新，也不会关注经济的活力与效率。极端地讲，这可能导致政府权力过大，进而吞并私有经济。

但是我认为解决办法是有的，有效政府是可以存在的。需要说明的是，有效政府和大政府、小政府的概念不同，有效政府应以公共利益、公民福祉为目标。而且，有效政府很清楚应该以什么样的方式来实现目标。我们都不希望政府的政策只对未来几年的发展有利，却以损害未来几代人的利益和机会为代价。中国政府也明白这一点。

其实，公众并不要求完完全全的平等，他们明白不同的人群在市场经济中可能获得的收益不同，并且人各有偏好。举个例子，通常对做学术的人而言，在金融机构工作，收入肯定要高得多。但这些人喜欢做学术，这是他们的选择，无可厚非。

在我看来，未来的道路应当是让有效政府确保把社会资源有效地分配给公民，使他们可以为自己的未来发展做准备。而且，有效政府应当扮演为私有经济做补充的角色，以促进整体经济的发展。从一个外国人的角度观察，我认为中国政府在这方面做得非常好。

简而言之，我认为政府需要非常有效地运行，一方面努力实现共同富裕，另一方面还要确保经济发展的活力与效率。

第四章
如何理解世界的新格局与中国开放的新战略？

余淼杰

（辽宁大学校长，北京大学国家发展研究院前副院长，
教育部长江学者特聘教授）

全球化退潮了吗？

过去这段时间，全球化确实出现了一些变化。自从特朗普政府推行贸易保护主义以来，我们看到一些国家——特别是美国——逆全球化的行径越来越厉害，贸易摩擦也时有发生。但从根本上讲，我并不认为全球化发生了根本性变化。我的基本判断是全球化依然还是一个趋势，只不过是形式变化。

为什么说全球化依然是趋势？因为我们在判断经济是否全球化时，其实是看两个基本特征，即生产的地区化和贸易的多边化。也就是说，如果全球的经贸格局依然出现这两个形态，那就意味着全球化并未发生根本性改变。

我们可以发现，过去这段时间生产的地区化和贸易的多边

化这两个特征依然清晰地存在。一个产品，比如说 iPhone 手机或者汽车，还是在全球不同的国家/地区协作生产，各地只生产其中某一部分，然后拿到另一个地方装配、加工、包装，最后卖到全球。从这个角度来看，全球化没有发生根本性改变。

如何理解区域一体化的兴起？

中国加入 WTO 已经 20 年，但 WTO 这样的全球化组织现在遇到很大的挑战。近年来出现了很多像 AEC（东盟经济共同体）、RCEP 等区域化经贸组织，可以说它们都是全球化的新表现形式。

之前很长一段时间，世界主要靠以 WTO 为代表的多边经贸合作来推进全球化。现在多边经贸合作相对比较困难，核心原因是 WTO 里面最重要的机构之一——争端解决委员会最近陷于瘫痪状态。这个争端解决委员会由三名大法官组成，由于美国的阻挠，几位法官成员并没有到位，所以 WTO 无法接受新案件，只能办理遗留案件。

正是由于 WTO 的争端解决委员会陷入瘫痪，全球化才出现了一种新形势，就是从之前主要靠 WTO 变成现在主要靠地区经贸合作。

当然，从另外一个意义上讲，地区经贸合作本身也是全球化的一种表现形式。也是因此，我认为全球化并没有退潮，但出现了新的表现形式。这是变化的第一点。

变化的第二点是，以前的全球化主要是一个国家跟很多国家，甚至是跟离自己很远的国家贸易，但现在一国主要跟自己区域相对比较接近的国家贸易，地区经贸合作成为一种新趋势。当然，这两点本质上合一。

总而言之，全球以WTO为代表的多边经贸合作机制现在基本上已经让位于地区经贸合作机制。

中国应对全球化新变局的努力方向应该是什么？

中国对于全球化还是要两条腿走路。

一方面是继续推进地区经贸合作，继续深入地跟区域经贸联系比较紧密的国家/地区进行合作。

另一方面是要积极推进WTO的改革。中国要提出自己的改革方案，坚持我们的改革方案中的一些要点，比如中国的市场经济地位和发展中国家地位等核心关键点。

市场经济地位和发展中国家地位这两点对比，我个人认为"中国是市场经济国家"这一点比"中国是发展中国家"更为重要。因为随着我们的经济持续增长，规模越做越大，人均GDP很快就会达到12000美元，这是界定发达国家的门槛。也就是说，不管如何，中国在不久的将来都会变成发达国家，争论"中国是不是发展中国家"的意义不是特别大，而确认"中国是市场经济国家"的意义重大。一个国家如果是市场经济国家，在世界贸易中遇到一些反倾销、反补贴等措施，跟非市场经济国家所受到的对待不一样。所以，我们应该尽力争取市场经济国家地位。

在国际贸易中，市场经济国家和发展中国家这两个概念的判断标准是不一样的。

一个国家是发展中国家还是发达国家，主要看人均GDP，看其是否达到12000美元的标准。中国目前人均GDP是10000美元，按照每年5%~6%的增速，再过几年就会变成发达国家。就像前面所言，争论这一点的意义已经不大。

是否为市场经济国家的判断标准则不一样。要判断一个国家是不是市场经济国家，主要看两点：产品市场是不是由市场来定价，要素市场是不是由市场来定价。

对中国而言，产品市场由市场定价一点问题都没有，要素市场其实也是由市场定价，只是很多人的理解有偏差。对于"中国是市场经济国家"这个概念，我们应该从一种动态的角度来理解，它不是简单的0和1的关系——要么是，要么不是。今天的美国是市场经济国家，把它作为参照，那中国某些方面的市场化水平还有一定距离，但这并不代表中国就不是市场经济国家。用同时代的标准比较，菲律宾等国家相对美国的市场化水平也有一定距离，但没有人说菲律宾不是市场经济国家。这里面有一个"度"的问题，用跨时代的标准比较。今天中国的市场开放水平比四五十年前的美国更高，也没有人否认四五十年前的美国是市场经济国家。所以，不能说今天的中国不是市场经济国家，这是一个程度的问题，是一个参照标准的问题。

从内容方面来讲，判断一个国家是不是市场经济，包括是不是存在汇率操纵、国有企业在要素获取方面是不是跟民营企业的条件一致两点，当然还包括其他方面的一些考量，比如知识产权保护等。

我的核心观点是，市场经济不是一个非 1 即 0 的问题，而是一个"度"的问题，根据目前的经济发展水平，中国被认定为市场经济国家是没有问题的。

如何看待新冠肺炎疫情带来的产业链变化？

新冠肺炎疫情的确在某种程度上重塑了全球产业链。之前全球产业链基本上可以理解为"两翼并行"，一个是以德国为中心的欧盟地区，一个是以美国为中心的亚太地区。这些年，特别是在 2015 年之后，逐步形成了"三足鼎立"的态势，就是以德国为中心节点的欧盟区，以美国为中心节点的北美经贸区，以中国为中心节点的亚太经贸区。这三个经贸区背后是彼此依赖的生产链或者价值链。发展到现在，特别是受到疫情影响，这种形势变得更加明朗。

需要强调的是,三足鼎立不代表着三者孤立,三者其实是彼此联系的,而且正走向更加紧密的联系。比如亚太经贸区跟北美自贸区就CPTPP进行过谈判,以加强二者的联系;再比如欧盟区跟亚太经贸区也进行过中欧全面投资协定谈判;欧盟和北美之间也有跨大西洋贸易与投资伙伴关系协定。

疫情的确会使三者的价值链圈更加明显。比如,之前中国生产的产品可能依赖于南美或北美的供应链,现在则更依赖于亚太经贸区(即亚太价值链圈),这是一个新的格局。

即便疫情得到控制,我认为基本上也是以这三个"圈"为代表。换言之,这三个"圈"其实并不会发生太大的变化,因为要形成一个价值链圈或者经贸圈,必须有外因和内因:这段时间的疫情可以说是外因,而这三个"圈"本身形成的一个自由贸易协议是内因。所以,我觉得这种"三足鼎立"的价值圈会长期存在。

如何看待下一步的经济形势?

从出口的变化来看,我认为在后疫情时代,如果美国经济2022年相对变得更好,开始全面复工复产,美国对中国产品需求的迫切性(尤其是医药防疫相关产品)可能不如目前,这是一个不利方面。与此同时,随着经济变好,其居民收入将更高,外需市场会跟着扩大,因此给中国的对外贸易也会带来正向影响，这又是一个有利的方面。总体而言，我并不认为2022年中国的出口会下降。更准确地讲，我认为中国出口的绝对金额还会上升。当然，中国出口占全球的比重应该是比较稳定的，在13%~13.5%之间。中国的进出口总额占自身GDP的比重可能在1/3左右。

从整体看，IMF（国际货币基金组织）判断2021年中国经济的增速在8%左右。中国自己的估计比较稳健，政府工作报告提出的目标为6%。就2021年前三季度的数据来看，哪怕第四季度增速较低，我认为全年达到8%的增速也没问题。而从大宗商品的价格来看，因为美国的量化宽松，很多钱转移到这里，对能源产业的需求很旺盛，推高了能源产品价格。中国现在扩大进口，特别是对于上游产品的进口，价格也会随之上去。所以我们看到PPI（工业生产者出厂价格指数）上升，当然PPI上升跟CPI（居民消费价格指数）还不完全一样，并没有完全传导到消费端。从这个角度来讲，中国经济还是实现了比较良好的增长，尽管商品价格也出现了一定的提升，但从全球角度来看是可以接受的。

2022年中国经济或者"十四五"中国经济的走向，其实非常明确，应该是以国内大循环为主、国内国际双循环相互促进的新发展格局。我认为，中国出口的绝对值还会上升，出口比重保持稳定。在给定投资相对比较困难或难以持续的条件下，就要努力来拉动内需。要拉动内需，就得考虑两个方面。

一方面是必须保市场主体，因为只有保市场主体才能保就业，这样老百姓才有工作、有收入，才能拉动内需，才能扩大消费。既然要保市场主体，就要采取稳健的货币政策进行纾困。

另一方面要扩大消费，还得努力提升老百姓的税后可支配收入，这就涉及减税降费。减税降费意味着财政收入会下降，但同时必要的财政支出还要持续。这样一来，就必须通过积极的财政政策来保证能够更好地拉动内需。

总之，就是要通过积极的财政政策和稳健的货币政策来拉动内需、提升消费，这是未来中国经济的一个走向。

如何理解双循环？

要特别指出的一点是，中国提出"双循环"以内循环为主，绝对不是不用外循环，因为哪怕中国经济占全球经济的比重达到17%~18%，还有82%的大市场是绝对不能放弃的。

首先，我们之所以强调内循环，强调科技自立自强，是因为在一些领域面临严重的"卡脖子"困扰，更需要国内市场发力。

我们在做外循环时，也是在拉动内循环。为什么这么说？因为要把产品卖到国外去，就会用到更多的国内中间品，再看"以国内大循环为主体、国内国际双循环相互促进"，其意思是内循环与外循环是联动的。

我们强调内循环其实也是强调扩大进口，如果进口更多高质量消费品，就可以提高老百姓的获得感和幸福感，这是另外一个角度。

说到经济的长期发展，事实上不只是中国，其他发达国家也一样。当经济发展到一定程度时，对国内市场的依赖度会越来越大。也就是说，打造国内统一大市场越来越重要。比如美国经济对外贸的依存度只有 1/4，内需在经济中所占的比例为 3/4。中国的目标也是要形成统一的国内大市场，这样企业可以非常轻松地实现规模经济，利润也可以上升。所以，打造内循环应该是未来工作的一个重点。当然，内循环和外循环紧密相连，不能也不会彼此割裂。

如何看待中国制造业的内部转移和外迁？

我们现在的确面临一个问题，就是劳工成本的上涨，现在中国的劳工成本已经是孟加拉国的 4 倍。

因此，对于那些以劳力投入为主的劳动密集型产品及产业来说，在中国没有比较优势，应该转移出去。如果只是从东部沿海地区腾笼换鸟转移到中部和西部，劳工成本仍比孟加拉国、埃塞俄比亚等国高很多。最理想的方式，其实应该是转移到非洲那些政治比较稳定的国家。如果只转移到东南亚国家，好处是比较近，文化上也比较熟悉，可以很快建厂开工；不好之处在于当地劳工市场比较小，如果批量转移，当地的工资不消两三年就会明显上升，又得再往外转移。所以，不如一步到位，转移到劳动力丰富、成本最低的国家去。非洲一些政治上比较稳定的国家就是理想的选择。

对于资本密集型产业，我认为应该转移到中国的中西部内陆省份。对于资本密集型产业来说，劳工的投入并不是最主要因素，更强调的是全产业链配套。如果转移到东南亚或者非洲，尽管劳工成本比较低廉，但没有全产业链配套。而资本密集型产业转移到中西部地区，可以对接国家的乡村振兴战略，"授人以鱼，不如授人以渔"，还可以通过产业升级带动这些地区发展。

总之，我觉得应该分开考虑：劳动密集型产业向海外转移，资本密集型产业向我国中西部地区转移。

如何看待中美贸易的前景？

分析中美贸易有非常重要的意义，不只是理解两国之间的贸易关系，甚至是理解两国之间关系的关键。我个人的判断是，中美应该能够达成第二阶段的经贸协议。理由就是达成第二阶段协议不仅对中方有利，对美国更有利，两方都希望中美贸易能够往好的方向发展。2021年11月，两国元首的视频谈话也释放出积极的信号。而在此之前，美国贸易代表戴琪和财政部长耶伦的表态尽管是从美国的立场出发，其实也承认跟中国发展比较健康的经贸关系是重要的。

如果从协议内容方面来看，我个人认为会是特朗普政府期间达成的第一阶段经贸协议的翻版。就是说：第一，我们不能很乐观地期望美国会马上取消对中国出口美国的商品征收的高关税，因为毕竟这一数额达到3700亿美元，所以这方面的谈判结果可能还是会跟第一阶段的经贸协议差不多。第二，中方还会扩大进口，同时做好各方面的工作。当然，从另一个角度，中国也会对美国提出对等要求，比如关于知识产权保护等方面。

我的总体判断是，近期内第二阶段的经贸协议有望达成，估计有效期也是两年。

如何看待数字贸易的前景？

数字贸易的确是国际贸易发展的一个新方向。

数字贸易可以分成三部分：

第一，数字化的商品贸易，比如说平时的商品贸易的数字化，原来在线下做，现在变成线上做。

第二，数字化的服务贸易，比如软件外包服务。

第三，数据贸易，即涉及很多大数据的贸易。

我们可以看到，数字贸易对中国贸易而言越来越重要。以服务贸易为例，现在的数字服务贸易基本占到服务贸易的45%左右。2020年，服务贸易总量是6600多亿元，而数字化的服务贸易贡献了近 3000 亿元。应该说，这一比重会越来越大，因为它代表着未来的方向。

在这三者之中，数字化的服务贸易是非常重要的一个方向。因为相对于商品贸易来说，中国服务贸易的发展速度还不够快。所以我对服务贸易有一个观点，用九个字来概括，就是要做到"扩总量、调结构、树特色"。

"扩总量"的意思是，相对于商品贸易，中国的服务贸易占的比重太低，只有 20% 左右，所以要扩大总量。"调结构"的意思是，相对于商品贸易，中国数字贸易的几大主要类别都是逆差，比如旅游、留学、医疗、教育等四大类，所以要调整，挖掘比较优势。"树特色"就是在调结构的同时找某一类的比较优势，比如韩国的医疗产业、美容产业做得特别好，中国也可以塑造这样的比较优势，比如中医产业等。

同时，服务贸易又可以借助数字贸易、数字化进行赋能。我们其实应该深刻认识到，中国经济要实现弯道超车，不能简单地在"高精特尖"这些产业或者资本密集型产业方面一直跟在美德的后面。要想尽量缩小差距，更好的办法是弯道超车，就是要在数字贸易上发力。美国和德国在数字贸易方面并不见得有清晰的比较优势，如果中国能迎头赶上，很有可能实现弯道超车。这是未来中国外贸发展的一个方向，应该对贸易进行数字化。

· 第二部分 ·

中国经济的
新挑战与应对

第五章
如何正确理解市场经济和企业家精神？

张维迎

（北京大学国家发展研究院教授）

如何理解世界大变局？

从工业革命开始，西方国家快速发展，包括后来美国崛起。中国过去的经济规模也很大，1820年时GDP占到世界的1/3，直到1860年才被英国超越。作为一个历史悠久的大国，中国在近代却被西方发达国家远远超越。过去40年，改革开放使得中国在经济规模、国家实力和人民生活质量等方面大幅度提高。不难想象，当一个拥有世界20%人口的国家进入世界经济强国之列后，整个世界格局会发生多么大的变化。而且这种变化不是近百年才发生的，而是从工业革命就开始了。

中世纪结束之前，世界各国的差距并不大，所谓的"大分流"是从工业革命后才开始的。近一两百年，有些国家发展很快，有些逐渐落后甚至发展停滞。而中国是从一个经济规模巨大、历史悠久的大国沦为了落后贫穷的国家，后来又迎头赶上，尤其是经过改革开放，快速回到世界重要大国的地位。

如何理解中国经济奇迹？

改革开放 40 年间，中国经济实现了奇迹般的增长，最重要的是引入了市场机制，让普通老百姓有了选择的权利。中国在计划经济时代没有企业家的概念，农村包产到户和城市改革后才涌现出一大批企业家，也正是这些企业家成为中国经济增长的巨大推动力。我在 1984 年写的一篇文章就谈到企业家堪称经济增长的"国王"。

回顾历史，任何一个国家只有让企业家精神焕发出来，鼓励那些最有才能的人去打市场，经济才有可能很快发展起来。英国就是非常典型的例子，它在 17—18 世纪初迸发出强大的企业家精神，其工业革命史就是企业家的创新史，一个又一个企业家的故事造就了英国的现代工业文明。中国也一样，改革开放就是中国焕发出企业家精神的过程。

中国获得快速发展还有一个重要前提。西方国家经过 200 多年积累了大量科学技术，中国通过改革开放将这些成果"为我所用"，减少了试错成本，全方位快速追赶，少数新领域同步发展。因此，不可否认，企业家精神和西方的先进科技成果是中国改革开放后实现快速发展的重要原因。

当然，我们肯定开放的作用，并不是要低估改革的作用。西方的文明一直就在那里，中国的企业家群体也不是从天上突然掉下来的。如果不是政府力推市场化改革，这些外部资源都不会转变为我们的生产力，这是很关键的。

事实上，世界上还没有一个国家靠自我封闭发展出现代文明，成功者都是改革与开放的结合。为什么英国会成为西方现代工业文明的早期引领者？为什么工业革命最早发生在英国？一是英国通过改革实现了体制变化，包括光荣革命后确立了产权制度、议会民主制度和有限政府制度等；二是英国通过开放引进了棉纺织业并使其成为支柱产业，从进口布、纱到后来直接进口棉，发明了纺织机，再用蒸汽做动力，最终走上了世界强国之路。

如何理解企业家与科学家群体？

英国的工业革命曾促使企业家群体崛起，但第一次工业革命产生的是更加偏技术性的成果，科学家在其中发挥的作用非常有限。比如热力学，有了蒸汽机之后，人们在研究怎么使蒸汽机的效率最大化时才产生了热力学。

在第二次工业革命中，科学家所起的作用就大了。经济发展需要新技术变成生产力，只有生产力才能最终造福整个社会和普通大众。科学家主要是发现自然规律，发明家根据科学家发现的规律，或者凭借自己的直觉和实验，把原本不存在的东西创造出来。因此，科学家和发明家的发明创造很重要，是人类文明很关键的一步，但不是最后一步，甚至不能说是最关键的一步。因为这些东西最后还需要靠企业家来实现商业化、大众化，最终让更多人受益，把概念、技术和产品变成实实在在的生产力，让普通老百姓也享受到科技发展带来的好处。

不仅如此，工业革命中，科学家和发明家还往往离不开企业家的资助，甚至需要企业家引导、提需求。

比如，瓦特曾经为改进蒸汽机而负债累累，这时是企业家罗巴克站出来，为其偿还了债务，并且允许瓦特使用他工厂中的工具，还出资跟瓦特合伙申请新蒸汽机的专利权。罗巴克破产后，瓦特的发明事业经历了艰难期，此时另一位企业家马修·博尔顿看准蒸汽机的前景，又成立了博尔顿·瓦特公司，资助瓦特继续研究并成为瓦特专利股份的持有者。瓦特的成功离不开这两位企业家的接力资助，所以他说："没有他们，我什么都做不出来。当我沮丧、失去信心时，是他们给了我帮助。"

蒸汽机最初是矿井用来排水的简单工具，在瓦特使它由往复运动变成旋转运动后，它变成了能够带动机器的动力，而这背后也是因为博尔顿的推动。科学家和发明家对人类的贡献很重要，但企业家才是将科学技术变成生产力的真正推动者，他们帮助发明家把抽象的、书本上的知识变成惠及普通老百姓的生产力。发明和创新并不一样，创新会使技术具有商业价值，只有依靠企业家来完成。

当然，有一些发明家本身就是企业家，最具代表性的人物是托马斯·爱迪生。爱迪生拥有上千项发明，也是一名企业家，具有活跃的商业头脑。爱迪生名下的好多发明并非他的个人创造，而是由他领导的实验室团队共同完成的。与他形成鲜明对比的是尼古拉·特斯拉。特斯拉是塞尔维亚移民，曾在爱迪生的公司打工，最后辞职去了西屋公司。特斯拉是一名纯粹的发明家，他的发明包括电动机、无线电等数百项，在技术上的贡献并不逊于爱迪生。爱迪生实现了用电来照明，而特斯拉则将电变成了固定动力并最终取代了蒸汽动力，这是特斯拉对社会的伟大贡献。然而，特斯拉最后贫困潦倒，因为他不像爱迪生那样具备企业家的素质，以至于后来大家都知道爱迪生，却少有人了解特斯拉，直到现在马斯克用他的名字为公司命名。

有人说科学家实现从0到1，企业家把1变成了N。其实也不完全是这样。

首先，科学家、发明家并不都是做从0到1的事情，也有一个渐进和反复迭代的过程。他们一开始也不知道自己发明的东西有没有商业价值。比如古罗马就有蒸汽机，当时是皇帝用来开宫门的一个玩具，到工业革命有了企业家之后，蒸汽机才真正变成了生产力。所以，有一些创造发明是从0到1，还有一些发明改进本身就是从1到2、3。经历无数次的迭代，每一次其实也是一种发明创新，一步就实现从0到1的极少。比如瓦特是改进了纽科门蒸汽机，但是瓦特的蒸汽机对工业革命的贡献非常大，是纽科门蒸汽机做不到的。

企业家对于科学家、发明家而言，一方面是给予资助，像瓦特这样的发明家的背后有很多不为人知的企业家，他们一起推动了科技与生产力的进步。另一方面是企业家提出科学创新和发明的需求，科学家、发明家再根据需求进行发明创造。并不全是科学家、发明家先创造一个东西，企业家觉得有用再拿走。

民用航空的发展史就是这样。泛美航空公司的创始人、企业家胡安·特里普（Juan Trippe）是航空史上一个举足轻重的人物。1965年，他请他在波音公司的老朋友、波音总裁比尔·艾伦为他设计和生产比波音707"大得多"的飞机，于是才有了波音747的出现。

不得不承认，科学家、发明家总是对世界充满好奇，但他们的意志力可能没有那么坚定，特别是在研发中遇到困难后就很容易放弃。瓦特曾想放弃研发去当一名测量员以养家糊口，直到他遇到企业家罗巴克和博尔顿。罗巴克破产时唯一剩下的资产是瓦特蒸汽机1/3的专利权，别的债权人认为这毫不值钱，而博尔顿慧眼识珠，买下了专利权。

所以从发明到生产的整个过程并不是一个简单的生产链，

不是科学家、发明家搞发明创造，企业家搞生产。很多创造发明都是通过企业家的需求倒逼出来的。以石油化工行业为例，该行业只有100多年的历史，现在很多大学都设有化工系，这在很大程度上要归功于洛克菲勒这样的企业家。石油作为燃料不能像煤炭那样直接点燃，而是要经过分解、提炼、净化等一系列过程。后来人们从石油里提炼出了300多种化工产品，包括造衣服的尼龙等材料。这些成果都是从生产实践中来的。如果没有石油产业的发展，像MIT（麻省理工学院）等高校也不可能创立化学工程学科。

如何从双轨制看中国市场经济的演进和完善？

双轨制改革的核心思想包括以下两个方面。

第一，双轨制改革承认了人类的局限性。计划经济是有人为国家发展做了一个全面计划，并要求大家照此执行。而市场经济的本质是承认人的局限性。一方面，人类不知道的东西有很多；另一方面，人类进步需要的知识分散在每个人的脑子里，不同人掌握的知识不一样，每个人的知识具有很大的主观性或者异质性。我们试想一下，就算那些最聪明且掌握很大权力的人，他们脑子里的知识恐怕也不到人类所有知识的万分之一，所以怎么能够用那万分之一的知识去指导社会中每个人该做什么呢？其次从动态的角度来看，人类的知识在不断进化，随时在创造新事物。举个例子，计算机没出现时，你怎么能计算出市场对它的需求是多少？

第二，从双轨制改革的具体内容来看，我们不能按照设计的价格体系去制定价格政策，比如不能说煤炭、苹果的价格应该是多少。双轨制改革的重点是"放"，但"放"也不是一下子全放，因为这涉及大量的利益关系。双轨制价格改革要通过市场自身演进来决定价格，而市场机制不是人为设计出来的，它的形成是"自下而上"，而非"从上到下"。

双轨制改革的关键是先从边缘、增量上引入市场，再通过市场机制不断演化推进。这就与企业家精神高度相关。市场要靠人在里面发挥作用，这些人主要指的就是企业家。计划经济中没有企业家。改革初期出现了市场，好多国有企业领导并不适应，因为他们原来是按照上级领导的指示来管理企业，但市场经济下就需要他们自己动脑子去解决问题。以前产品出来后可以直接交给商业部门去销售，现在他们不但要考虑生产什么，还要考虑怎么销售、怎么参与市场竞争等。

在双轨制改革的过程中，市场逐步形成，企业家也就跟着一代代成长起来了。或者说，双轨制改革本身就是培养企业家的过程，所以我们看到现在无论是国企领导还是私企老板，都跟原来完全不一样了。市场经济最重要的价值在于让每个人去想问题，对的想法可以变成产品并通过市场扩散，错的想法自然会被市场淘汰，如此不断迭代，才有不断发展。无论在西方还是东方，情况都一样。经济发展需要每个人都有发挥想象力和创造力的动力和机会。反之，让少数人去指导发展就一定会出问题。

当然，我们的市场经济改革还没有全部完成。如果只从产品市场是不是由供需决定价格的角度来讲，我国在1993年就基本上完成了双轨制改革，当时90%以上的工业品、农产品定价都放权给了市场。

但是，从要素市场来看，我国还存在双轨制，其中劳动力市场转轨较好，但资本市场的转轨一直没有彻底完成，很多还受制于行政命令，由国有银行主导或垄断，利率也没有完全市场化，土地要素更是如此。

因此，整体而言，我们产品价格的市场化程度很高，但要素市场仍有计划经济的明显残留，整个体制仍然处在双轨制改革中。

如何理解经济学的价值？

经济学并不是静态的，也在不断演进，但我的总体看法是，过去100年里，经济学并没有向好的方向演进。目前为止，对人类贡献最大的经济学家仍然是亚当·斯密，他为人类破除了一个旧观念。在亚当·斯密之前，一个人想赚钱会被认为不道德，但亚当·斯密证明，一个人想赚钱并不是一件坏事，只要有竞争机制存在，自己富有就得先让他人富有，这是"市场逻辑"。由此，人们突破了传统观念，不用再去评价那些想赚钱的人是否不道德，市场机制可以确保他们赚钱的前提是要为他人服务、为他人创造价值，这就是亚当·斯密讲的"看不见的手"。

我认为，在亚当·斯密之后，特别是自阿尔弗雷德·马歇尔之后，经济学作为整体对现实的发展并没起太大的积极作用，甚至在很多方面还发挥了负作用。因为主流经济学家总是认为要将经济学变成像数学、物理那样，用一套理论来改造现实世界，由此导致科学主义和经济学家的致命自负，这给经济发展带来了很大伤害。计划经济就是个例子。当年一大批经济学家支持计划经济，包括波兰籍经济学家奥斯卡·兰格，他用现在所谓正统的"新古典经济学"去论证计划经济的可行性。萨缪尔森的教科书每一版都在预测苏联经济将很快超过美国，甚至预测到1984年这一具体时间。熊彼特也认为从理论上看计划经济是可行的。而当经济学家有这样一套理论后，他们就会用理论去强化人们的认知，结果产生一套不良体制。凯恩斯主义之后，社会对经济学家的需求更多了，大量银行、公司都需要经济学家，经济学家开始经常对经济做预测，参与经济政策的制定。但我坦率地讲，经济学家占有的资源与他们的整体贡献不一定成正比。

其实这个世界上好多坏事都是聪明人甚至是好人干的——初心是好的,只是好心办了坏事。英国作家乔治·奥威尔有一句话让我印象深刻:"一些愚蠢至极的观念只有某些知识分子会相信它,普通人不会相信它,因为普通人不可能愚蠢到那种程度。"他的意思是,知识分子比普通人掌握的知识多,但是知识多往往容易犯大错误。为什么有知识的人反倒可能给社会带来伤害?我觉得根源是某一种错误观念在长期流行。2002年获得诺贝尔经济学奖的心理学家丹尼尔·卡尼曼(Daniel Kahneman)提出"理论导致认知盲区":当你相信一种理论,但发现它又不能解释现实情况时,你通常不会去怀疑理论本身是错的,而认为是自己所掌握的数据和知识还不够,因而暂时无法证明理论的正确。因此,很多错误理论流行了很长时间甚至上千年,比如亚里士多德提出的"地心说"就流行了2000年,像亚里士多德这样聪明的人在世上没有几个,但他仍然陷入了理论误区,或者说他无法意识到自己理论的局限性。

我们必须认识到:第一,再聪明的人所掌握的知识仍然非常有限;第二,任何人都可能陷入知识盲区。因此,我们不能把人类的命运交给任何个人,无论他有多么聪明。我们需要市场存在,市场上"八仙过海,各显神通",每个人按自己的方法去做事、去参与竞争,对的东西获得成功,错的东西面临淘汰。大家事前基本上都不知道什么是对的、什么是错的,否则人类的进步发展就太简单了。

经济学家依据书本上的一般性原理画出一个曲线、导出一个公式,但这要用于指导政策又是两码事。政策依据的某一个参数常常会"失之毫厘,谬以千里"。当经济学家陷入知识盲区,通常又会打肿脸充胖子,拼命掩盖错误,因为人都不会轻易承认自己的错误。但是市场经济很公正,不可能让你一直掩盖错误,投资错了就会亏损甚至破产,只有及早纠正才会减少损失。

那些看出错误的经济学家,反而往往不是主流经济学家。真理往往掌握在少数人手中。哈耶克在 20 世纪三四十年代是被耻笑的对象,但是历史最后证明了他的伟大。当所有人都看不到问题时,他看到了。经济学家一定要能够保持独立思考,这非常重要,否则就可能给人类带来灾难。

什么是企业家精神?这种精神为什么特别重要?

企业家精神的核心是创新精神,是去做别人没做过的事。有这种精神的人去从事生产经营等经济活动,就是企业家;将这种精神用于政治领域,就是政治企业家。在政治领域,有些人在位的时候只是在"守摊",而有些人愿意做事,愿意创新,敢于去改变或完善体制,这就是有企业家精神的政治家,我们可以简称为政治企业家。学术领域也一样,有人一辈子照本宣科,有人积极创造新理论,后者是学术企业家。他们不是通过学术赚钱，而是具有学术创新精神，打造出一片学术新天地，很多学科的开创都离不开企业家精神。

企业家精神本质上是指人类不安分的创造力。虽然每个人或多或少都具有这样的创造力，但能够真正发挥出来的只是少数人。同时，又只有极少数人真正知道企业家精神应该用在哪里。

17—18世纪，英国最聪明的人在做企业，包括贵族，而中国传统文化崇尚做官，当时最聪明的人通过科举考试进入官场，这也是近代中国和西方发展出现背离的重要原因之一。因为官员只着眼于分配财富，企业家精神在于创造财富。如果最聪明的人是在分配财富而不是创造财富，那么国家的经济就很难发展起来。

改革开放初期，中国最聪明的人一部分在城市，一部分在农村。"包产到户"后，农村里的这些聪明人就自由了，乡镇企业就这样发展起来了。如果当时农村里的聪明人都还只找机会去当官，中国的改革肯定会很困难。邓小平南方谈话后，很多原来的处长、局长包括后来的"海归"都"下海"了，为经济发展奠定了良好的人力资源基础，或者说是重新配置了企业家资源。

只有最聪明的人愿意去做生意了，国家的经济发展才有希望。其实，中国人一点也不缺少企业家精神。近代以来，许多中国人到东南亚后成为出色的企业家，因为他们在当地进不了政府做官，只有做生意赚钱才能提高社会地位，他们本身就具有企业家精神。科举制最初是中国的一大发明，但在近代给中国经济的发展制造了不小的障碍。

如何理解政府在经济发展中的角色？

市场经济的一个重要前提就是法治。法治很重要，因为其核心是让每个人对未来都能形成相对稳定的预期。这个预期是指干了好事可以得到回报，干了坏事会被惩罚。如果企业家有这样的预期，就会知道只有诚实守信才能把生意做大做强，坑蒙拐骗不可持续。由此，企业家会意识到声誉是他最重要的资产，也是获得陌生人信任的决定因素。国家法律——特别是保护私人产权的法律——是企业家维护自身声誉的保障。没有财产所有制也就没人在乎自己的声誉了，所以法律保护私人产权对建立企业信誉非常关键。

对政府而言，特别重要的工作就是建立和维护好的法治体系，包括统一度量衡等软的基础设施，这对市场发挥声誉机制非常重要。政府帮助提升信息的透明度和流通速度，也有助于提升企业家维护声誉的积极性。这样一来，政府反倒不用去具体管理企业，因为企业出错时，自然会受到市场规则的惩罚。比如某个企业想靠欺骗赚钱，就算能搞定工商局的几个管理者，也搞不定成千上万的消费者。企业要搞定消费者，唯一的途径就是给他们带来实打实的好处。

从国家层面来讲，最重要的就是建立法制保护企业产权、公民财产权和知识产权；从企业角度来讲，是要完善管理制度。

麦当劳在全球有几十万家店、数百万名员工。它的厨房用具统一采购，食品制作流程标准化，对员工进行统一培训，加盟店要交保证金，总部时常派人去各门店试吃并写暗访报告，以此维护麦当劳品牌在全球的声誉。如果所有企业都像麦当劳这样自觉承担责任，那政府不就轻松多了吗？这时，政府只需处理一些特殊问题，如当有人"山寨"麦当劳产品，侵害了麦当劳权益时，政府出面去处罚。保护商标权并不是单纯为了保护企业，更多是为了保护消费者。如果超市里销售的商品都没有商标，恐怕大家也不敢买了，因为出了问题不知道该找谁，但有商标就能找到责任人。所以，保护产权这种无形资产，最终是为了保护普通消费者。如此，企业老板也明白企业应承担的责任，并且为企业内部所有人的行为负责。

如何规避企业家的短期主义，鼓励长期主义？

市场经济避免不了出现一些短期主义的企业家或者说套利商人，对这样的问题要分析历史原因。完全杜绝企业的违法行为是不可能的，市场的发展一定是一个逐步完善的过程，我们要有一定的耐心。国家当然想帮助市场形成良好的秩序，但也需要时间让企业家和消费者相信，最后才能促使企业诚实守信，进而使消费者相信企业品牌和政府。

我小时候生活的村子还是人民公社，那时树都归集体所有，很少有人主动去爱护，大家都偷着砍了当柴烧，所以村里的树总也长不大。后来，村里决定把树分给村民私人看护，但还是有好多人把树砍了当柴。村领导觉得交给个人也不行，就决定把树再收回集体。

村领导不明白，那些村民之所以把分给自家的树也砍了当柴烧，是因为担心，如果不砍的话又会被收回集体。结果果真如此！因此，要让大家有养树、栽树的积极性，必须要忍一忍初期的混乱，让村民相信分给他们的树不会再被收回去了，他们才不会继续砍树，才会等到树都长起来再卖钱，大家才有信心、有动力自愿种树、爱护树。

这个例子告诉我们，要建立市场秩序，需要我们有足够的耐心，不要因为出现一点问题就希望政府出面解决，如果解决得不好，反而越弄越糟。信誉来自耐心！

对于这样的问题，经济学家可以做出自己的贡献。我认为经济学家应该看到普通人和一般管理者看不到的东西。政府官员以短期成绩为考核指标，有些企业家也只看到眼前的利益，难免存在急功近利的心态，这时就需要经济学家帮助他们把眼光放得更长远一些，这才是经济学家对社会应有的贡献。孟子讲"有恒产者有恒心，无恒产者无恒心"，"无恒产而有恒心者，惟士为能"。学者无恒产也有恒心，因为学者的个人声誉就是其"恒产"。

任何一项政策都有两方面效果，一是立竿见影的短期效果，二是暂时看不见甚至永远看不见的长期影响。19世纪中期的法国经济学家巴斯夏是我特别喜欢的经济学家，他说："坏的经济学家只看见看得见的东西，好的经济学家不仅要看见看得见的东西，还要能推断出看不见的东西。"经济学不能只是研究某项政策当下的效果，还要推断这项政策长远产生的影响。凯恩斯就只考虑短期，他说："长远看我们都死了。"尽管这是玩笑话，但也反映出他的理论背后的哲学基础——我们管长远的事干吗呢，把眼前问题解决好就行了。

当下各国的宏观政策都有应对短期问题的倾向，但未来的问题恰恰应该由学者去管。当下的学者很短视，并且为做短期决策的官员提供一套理论，让官员的行为更加理直气壮："你看这是教授告诉我的，这是我在课堂上学到的东西。"这对国家的长远发展绝不是好事。

对于企业家而言，看得不够长远的原因很多，有人天生就是急功近利的性格，我们能改变的是从体制和政策环境上帮助他们关注长远目标。我相信，伟大的企业家一定是长期主义者。但如果一个国家的体制、政策总在调整，那么愿意做长远考虑的企业家也会变得短视起来。从某种意义上说，个人行为往往是由外部环境导致的。企业家现在想为企业做一个长远规划，但如果明天突然下来一个新政策，他的计划可能就泡汤了，他也没必要考虑长远了，毕竟考虑长远就意味着要牺牲眼前利益。如果看不到长远利益，又为何要牺牲眼前利益？因为他首先也要生存下去，适者生存嘛！

所以，一个好的政策、体制环境是要让人关注长远利益，能够看到牺牲眼前利益所获得的长远好处，否则将导致人们的行为越来越短期化，甚至最后坑蒙拐骗。

因此，如何创造一个稳定、"正循环"的环境，就显得特别重要。无论企业家还是普通人，这个"正循环"里不光有从父母那里得到的生物基因，还包括通过接受教育形成的"文化基因"。人的老师始于父母，却不止于父母。孔子讲"三人行，必有我师"，亲戚、老师、朋友，甚至书中看到的中外历史伟人，都有可能成为影响你的人，都有可能是你成长环境的一部分。所谓"榜样的力量是无穷的"：当你看见别人成功了，如果他是靠坑蒙拐骗成功的，那你可能会去学着坑蒙拐骗；如果他是靠踏实肯干成功的，那你也会像他那样去经营自己的口碑。这就是一个正循环的过程。我们要意识到，人类的行为不像蜜蜂、蚂蚁那样完全由生物基因决定，当社会风气是"邪不压正"时，坏人也就不敢明目张胆地做坏事，反之好人也可能变成坏人。

如何理解市场经济与共同富裕的关系？

有些反对市场经济的人，认为过度发展市场经济、过度崇尚企业家会导致社会贫富分化加剧，从而不利于社会的稳定和整体幸福感。比如华尔街、硅谷的企业家挣得特别多，但是更多人可能在全球化或者市场经济中所获很少，甚至受损。所以一般人在认识上会存在误区，觉得市场经济容易带来或加剧贫富分化问题。抱这种想法的人并没有真正理解市场经济，没有真正理解企业家精神。原因是我们的教育，包括经济学教育，没有让我们很好地理解市场经济的运行规律。

首先必须承认，人天生有差距，高矮有差距，才智有差距。所谓"平等"是指法律面前人人平等，即人格上的平等，不可能是人与人在上进心、能力、起点、机遇等所有方面的绝对平等。

你如果真正理解企业家，就知道财富本身是不断流动的，没有人会永远稳居首富地位，一定会被其他人超越。所以熊彼特讲："富人俱乐部就像一家旅馆，里面总是住满了客人，只是客人总在变，有人离开，有人进来。"这才是市场经济。流动性才有利于公平，比传统靠血统分割社会的贵族制更公平。贵族可以世袭，但市场经济中富人一般富不过三代。洛克菲勒的后代都不在富豪榜上了，中国2010年位居胡润富豪榜前列的100人到2020年也只剩下了30人。

市场经济其实为每个人都提供了富裕的机会。现在有农村女孩在成为网红后变富有了，这在以前是不可能发生的事。市场经济允许每个人最大限度发挥自身的优势，无论这个优势是什么。传统社会里，农村人不种地就养活不了自己，但现在只要有一技之长，利用大规模的市场，不务农也能养活自己。我们看到，越是市场化程度高的地方就越公平，因为市场给每个人赚钱的机会，企业家之间的竞争也因此变得更加激烈。因为存在市场竞争，企业家给工人的福利待遇也会更好，否则别人就会开高价挖走员工。但好多人不理解这些，以为资源、技术就在那儿，市场经济就是最后怎么分配财富的。

事实上，市场经济不是在分配财富，而是在创造财富，财富一定是赚来的。"挣钱"和"赚钱"的概念也不一样，工人通过付出劳动"挣钱"，企业家把应付工人的工资付完后，"赚"的是剩下的那些钱。

从统计数据来看，没有人可以永远是最成功的企业家，一定会有其他人超越他，没有人能够一劳永逸。因此很多成功的企业家面临的压力非常大，总是怕一放松就被人超越了。换个角度讲，企业家不过是替社会管理财富，他们中的大部分享受的财富并不多。比如这个工厂是我的，你们都眼红，那我一把火把它烧了。其实对我并没有多大影响，但工人就失业了。

企业家的财富，绝大部分不像一张桌子或一把椅子，从我家搬到你家还是一张桌子或一把椅子。企业财富在企业家手上是资产，到其他人手上就可能成为负资产。马斯克拥有巨大的商业帝国和财富，但假如某天他不干了或者干不了了，他的企业可能就一文不值，因为他的企业有很多债务，而且他的那套东西别人也干不了。所以，企业财富中最重要的是企业家精神，而且财富也不是靠分配、再分配来的，是靠创造来的。

人们通常只看到个别成功的企业家，忘了许多失败的企业家。20世纪80年代，中关村有好多企业，这些企业中的很多现在都消失了，大家也早就忘了那些企业家。大家只记得联想，那是因为联想活下来并且发展壮大了，但它活下来靠的是柳传志的企业家精神，不是谁来经营联想都能让它壮大。只是太多人不明白这些道理，以为企业的价值是固定的，在谁手里都能赚钱，凭什么这家企业在你名下而不在我名下？这就是没有理解企业家精神。

我为什么说经济学家要对此负责呢？主流经济学假定，技术和资源等条件都给定了，资源配置有唯一正确的答案，谁算都一样。因此，凭什么让你算而不让我算？零和博弈的思维就是这样来的。这也是因为人类早期的资源只有土地，那块地你种了我就种不了，大家脑子里对资源的概念还停留在那块土地上，因此老想着重新平分土地。市场经济的资源不是那块永远不变的土地，市场经济是在创造资源，而且资源一直在流动变化。如果精心创造资源的人多，那么"水涨船高"，每个人都会获得更多的财富，并且"船长"和"船工"角色也不是固定的。况且，再成功的人都有自身的局限性，成功后很容易骄傲，骄傲使人落后，这就为其他人提供了成功的机会。

市场经济非常有意思。我们看到很多企业家活得特别累，因为他们需要不断去冒险。举个例子，有 100 元和 200 元两种奖励：100 元可以直接拿走，但 200 元需要通过挑战，挑战成功后才可以拿走，否则一分钱也拿不到。普通人会选择稳当地拿走 100 元，但是具有企业家精神的人会冒险去挑战那 200 元。当后者挑战成功了，普通人可能又抱怨说：凭什么他到手的是 200 元而我只有 100 元？事实上，市场经济下，谁都可以去挑战那 200 元。

对消费者而言，企业并没有强迫你买它的东西，反而是求着你买。传统社会是"笨人"伺候"聪明人"，"聪明人"高高在上，"笨人"端茶倒水；市场经济是"聪明人"伺候"笨人"。比如说，乔布斯非常聪明，而我不懂手机，但是乔布斯得"伺候"我，因为我一不高兴就不买他的手机了。因此，消费者应该关注产品本身，企业家是否赚钱是市场行为。

当然也必须强调一点，社会肯定存在不公平、不合理现象，但那不是市场竞争的结果。很多人把体制问题归咎于市场，比如有人通过特权弄了一块土地并因此赚取很多利润。但这不能怪市场，只能怪特权，所以我们看问题要找到根源。

我再澄清一下"套利"的概念。"套利"是个中性词，有创造价值的套利，也有不创造价值的套利。比如我从四川进了一些橘子到北京卖，消费者觉得四川的橘子好吃，这就是我创造了价值，是正当的市场行为。但如果是通过特权获得的套利，比如土地寻租，就是不好的套利。人们常常把所有的事情搅在一起看，很多道理也就越说越糊涂。

普通人和企业家都可以从市场经济中得到好处。仍以苹果公司为例，乔布斯从苹果公司赚了500亿甚至1000亿美元，全世界数亿人也因为使用苹果产品得到相应的效用。

人类会陷入理论盲区，经济学家要对此负责，经济学家创造的理论解释不了现实问题。大部分经济学家并不真正理解市场经济，不理解企业家精神，因为经济学教科书里把企业家精神去掉了。有个关于经济学家的笑话说，如果地上有20美元，你是否应该弯下腰捡起来？标准的经济学答案是"不捡"。因为按照经济学的假设，这一定是张假钱，如果是真钱早被人捡走了。经济学假定每个人都一样聪明，有任何利益出现都会马上被抢光。但在真实的世界里，每个人的能力并不一样，有人能识别真假，有人不能。前面的人以为那是假钱不捡，但你看出来那是真钱，就会捡起来，这就体现出企业家精神的作用。

这几年，我对企业家精神的认识更加深刻。企业家面临的是一个完全不确定的世界，只能选择去冒险，而经济学家一直是旁观者。我们评价企业家，不应该看他没有做什么，而要看他做了什么。每个人没做的事情都很多，牛顿就没有发现相对论，但你不能因此说牛顿不好，爱因斯坦好。企业家能够坚持下来，做消费者喜欢的东西，就是他对社会最大的贡献。

数字化会不会加大中小企业的市场竞争难度？

进入数字化时代以后，技术带来的无边界性竞争会比以前更厉害。有些人认为大企业、大平台的辐射力会更强，可能会导致很多中小企业发展的空间被挤压，导致一些人选择放弃创业。我不这么认为。不再创业是心态问题，社会需要各种各样的角色。当不了企业家或者不愿意当企业家，都是一种选择。另外，企业家再厉害，也没办法把所有厉害的事都做了，这反而给别人创造了不少机会。所以并不是"大树底下不长草"，没有一棵树能长到天上，也没有一棵树能遮盖整个大地。企业家永远在给别人创造机会，如果只考虑自己，是做不大的。企业家越多，每个人才可能活得越滋润。

相信企业家精神，就是要相信随时都会冒出一些想不到的创新。

数字技术也是在创造新的机会，就像铁路发明后并没有消灭其他的运输方式，反而创造了许多新的工作机会。我们现在觉得数字经济是新事物，其实铁路刚出现时对人类认知的冲击比这个大得多。我们不能只看到眼前的新事物，人类应该对创造力抱有坚定的信念，不是成功的企业一出现就会消灭其他企业，那是低估了人类的创造力。企业间相互竞争的结果是为消费者提供了更好的服务。

说到竞争，现在要么说"内卷"，要么说"躺平"。我认为，这是人类发展的必经过程。我太太之前在英国的一家天然气公司工作，她的老板就是一个高中毕业生，因为那时候上过大学的人很少。中国现在几乎所有年轻人都上大学了，而上大学本身也不仅仅是为了找个工作，还是人格形成的过程。只有选择的机会更多了，人们才不会"内卷"。原来中国最优秀考生最好的选择只能是北京大学、清华大学等几所国内的顶级大学，但现在可以申请斯坦福、牛津和剑桥了。所以"内卷"还是因为开放得不够，机会不多，当行行都可以出状元时，"内卷"自然也就减弱，甚至消失了。

"内卷"这个问题可能还与多年的计划生育政策有关。当大家都只有一个孩子，养孩子的成本升高时，父母对孩子的期望值也自然高。如果家里有三个孩子，大家对某个孩子的期望值就不会那么高了。所以，问题的背后有好多复杂的原因，前期政策的后果也是在慢慢显现。

所谓"躺平"的心态也与此有关。很多独生子女选择"躺平"，是他知道即便自己不奋斗也会有父母为他兜底。而在我们那个年代，家里有好几个孩子，想啃老的话可能会被大人一脚踢出去，因为家里还有老二和老三要养呢。计划生育导致的后果用经济学来讲就是"垄断"，这一政策的影响也是长期的。

第六章
如何认知新冠肺炎疫情防控
与经济发展的关系？

刘国恩

（北京大学国家发展研究院教授、
全球健康发展研究院院长，教育部长江学者特聘教授）

如何认知新冠病毒与新冠肺炎疫情？

我们对新冠肺炎疫情应该怎样预期才比较科学？

新冠肺炎疫情从 2020 年在全球暴发，已经持续很久。如今的奥密克戎新型变种病毒，与之前的病毒比较，是更严重还是不那么严重？到现在虽不能下定论，但从传播速度、致死率、治愈率三个指标综合判断，奥密克戎的杀伤力的确在持续减弱。同时，奥密克戎的传播速度要快很多。

理论上讲，病毒传播快的前提是不能有太高的致死率，否则就会导致病毒无法依靠宿主大规模传播下去，这是生物学的基本认知。病毒传播快的另外一个前提是它更为"狡猾"，隐形传播程度更深。

从感染病例的致死率和治愈情况来看，到目前为止，最初流行奥密克戎的南非病例住院率不高。英国和美国也是如此。相比之前，新冠病毒的感染率确实在上升，但死亡率、住院率呈不断下降趋势。基于此，我倾向于认为奥密克戎病毒本身的毒性影响更轻。当然，未来也有可能发生不同于我们现在看到的情况。

有病毒学家甚至认为，奥密克戎按照现在的传播方式在各个国家流行，完全有可能取代德尔塔病毒。果真如此，奥密克戎就会成为这次新冠肺炎疫情的终结者，继而演变为一种季节性的地方流行病。

但传播力越强必然代表杀伤力越弱。有些病毒，比如1918年的流感病毒，它的传播率很高，杀伤力也很大。根据新冠病毒不断变异的数据来看，它应该逐渐成为一种非摧毁性的病毒，尤其是它变异以后出现的情况，符合微生物进化和自然选择的规律。

如何看待新冠肺炎疫情对经济的影响？

新冠肺炎疫情对人类社会的冲击既是突发性的，也是全方位的，毫无预兆地对社会经济造成全面影响。人类在应对如此突发、大规模的危机时，初期的应急反应一般采用最古老、原始的办法，即尽可能物理性地"切断"病毒传播的所有途径。

"流行病"的英文说法是epidemic disease，也是communicable disease。从字面看，就是由人们的相互交流所感染的传染性疾病。如果某种疾病是以人之间的接触关系作为通道互相传染，阻断疾病传播的最简单办法自然是切断人与人之间的所有联系。这是最简单的办法，也是人们在对病毒认识的初期常常采取的应急办法。

这种"休克式"应急疗法，在快速阻断病毒传播的同时，也使大量社会经济活动被迫中断。因此，现代社会采取这种方法所付出的代价要比古代大得多，因为今天社会经济的重心不再是相对独立的家庭自营，而是相互联系更为密切的现代服务业。农业规模相对狭小，可以各自在田间劳动，而现代服务业的全球互联程度高，离不开人与人之间的市场交换和相互接触。

随着疫情的发展和我们对病毒认知的加深，科学应对手段（疫苗、治疗性药物）也不断提升，人类没有理由不总结经验，逐渐对简单的方案加以完善、改进，从而进行代价更低、效果更好的精准防控。

经济学讨论的中心问题是如何最优配置资源，从而以最低的代价实现既定目标。在应对这场大规模生物冲击的过程中，自然涉及大量资源的配置效率问题。到目前为止，尽管还没有得到最终结论，但是我们已经看到，2021年以来，越来越多的国家对新冠肺炎疫情的防控，其实已经逐渐从"一刀切"的全面管控走向更为"靶向"的防控模式，集中资源对高风险目标人群进行疫苗接种、定向核酸或抗原检测，再根据结果进行有效追踪或隔离，同时加强医疗资源针对重点风险人群的服务能力。

精准防控的重点在于集中资源对重点高风险人群进行更好的防控管理，这样会使得我们获益更多。如果我们把对全人群的抗疫资源用到高风险目标人群上，目标人群获得的照顾和支持就更多，这不难理解。

低风险人群不必与高风险人群进行同样严格的管控，从而使得他们不仅免于低效或不必要的干预措施，还可以继续创造社会和生产价值，从而为目标人群、高风险人群提供更可持续的社会经济支持。

我们应该积极倡导对高风险重点人群进行更高品质、更有效率的精准防控，保障低风险人群能够坚持生产活动、创造财富，从而更好地支持整体抗疫行动。新冠病毒的主要高风险目标人群有两类：一类是高龄老人，另一类是伴有慢性基础性疾病的人。针对这两大高风险人群的抗疫，社会能否提供高质量的医疗条件和生活保障，不仅取决于目前的财政状况，更取决于广大低风险的中青年能否继续创造经济财富，从而为公共财政不断贡献力量。

如何比较新冠肺炎疫情冲击与经济危机的异同？

传统的经济危机和新冠肺炎疫情所带来的危机之间的差异非常明显。

首先，传统的经济危机大多都不是突发式的，而是有相当长期的酝酿过程，市场供需失衡的矛盾是主要致因，慢慢积累到了一个临界点，最终爆发，形成经济危机。这种危机一般以总需求疲软不足为常见特征，从而导致供给方为应对疲软的需求不断下调供给，这个过程通常比较缓慢。所以传统经济危机的表现不会像新冠肺炎疫情一样，突然导致灾难性的全面经济下行，往往是某些行业首先出问题，再传导到其他行业，最终形成一个连环下跌的衰退过程。

其次，传统经济危机爆发前所积累的问题有长期性，来去都比较缓慢，影响也深远，经济的复苏需要更长时间，一般不是半年或一年就可以回到危机前的状态。无论是1929年的经济大危机，还是2008年的金融危机，都没能在一两年内恢复到正常状态。因为传统经济危机并非外力冲击，而是源于内部的结构性问题，所以来得慢，去得也慢。

相比之下，疫情影响的来去相对都可能更快。由于是纯粹的外来因素所致，而非经济体系本身出问题，因此只要病毒传播得以管控，社会经济很快就能复苏，供需甚至可能出现所谓的报复性反弹。比如2003年的非典疫情，不到一年时间就来无踪去无影。对于当下的新冠肺炎疫情，虽然目前还在好多国家流行，但是通过各国的抗疫措施，已经在相当程度上得以控制。无论是中国还是其他国家，都已大幅恢复了相对正常的社会经济活动。事实上，中国从 2020 年第三季度就已开始经济复苏，其他国家可能稍慢一点，但几乎都在 2021 年出现复苏。人类历史上鲜有大型经济危机是在一年内就开始普遍复苏的。

如何理解新冠肺炎疫情对全球经济的影响？

2020 年新冠肺炎疫情所带来的经济冲击，短期代价大过一般传统经济危机，导致发达国家经济出现了大幅度的倒退，全球平均经济增长率倒退 5%。值得注意的是，历史上很多次全球瘟疫的大暴发，包括 14 世纪的黑死病等，穷国遭遇的影响程度都更大，而此次新冠危机对发达经济体造成的损失似乎更大。

发达国家经济遭到巨大冲击，和它们的服务业比重更大有比较大的关系。因为此次新冠肺炎疫情对人类的冲击主要是通过人与人之间的接触传播，现代服务业自然首当其冲。传统的农业、工业活动对人与人之间的接触程度要求更低，主要通过工具、机器完成经济活动。现代服务业则不然，大多数情况下需要通过人与人之间的接触关系才能完成交易，比如理发、教育、医疗、娱乐、运输、快递等均是如此。

当然，不同地区的自然原因影响也不能忽视。全球很贫穷的地方，比如非洲国家，主要处于热带，其感染率、住院率、死亡率都相对较低。为什么会如此？可以排除的原因是贫穷国家的应对能力等人为条件更好。因此，自然原因的作用更有可能，其地处的热带对新冠病毒的存活和传播不利，紫外线更强，而紫外线是新冠病毒的天敌。地理经济学的相关研究也许能为此提供一些解释。

总之，新冠肺炎疫情对发达国家的经济影响非常巨大。

但如上所述，新冠肺炎疫情毕竟是外力影响，如果防控得当，就可能实现经济的更快复苏。根据世界银行、IMF（国际货币基金组织）等专业权威机构的预测，继2021年后，2022年全球经济有望继续保持增长势头。不过，因为2021年的复苏反弹提高了经济增长基数，2022年的增长幅度可能变小。

另外，这次新冠肺炎疫情带给人类创新一个重要启示，即人与人之间的传统服务可以通过人工智能和数字技术更好地应用，实现非人工的远程服务的发展空间也许很大。

当然，人工智能和数字技术的应用并不是有百利而无一害的，比如远程医疗服务，患者跟医生不见面，诊断和治疗方案的风险可能增加。远程医疗虽然宣传了很多年，但进展一直较慢。2019年之前，由于行政部门更多关注医生与患者不见面的潜在风险，以及患者隐私保护等问题，对远程医疗、线上服务的推进一直比较谨慎缓慢。新冠肺炎疫情发生以后，远程医疗给患者带来的潜在风险相对新冠病毒带来的风险退居次位，"两害相权取其轻"，从而大幅促进了网上医疗和数字技术在2020年到2021年间的快速发展。美国的一份报告显示，美国2020年到2021年的远程医疗增长幅度高达45倍。

中国也是如此。相关研究发现，中国上市公司在疫情之后普遍对工作结构的安排进行了数字化取向的转型调整。相对疫情前的2019年，2020年的同比显示，在普通劳动岗位招聘大幅下降的同时，上市公司对高学历、经验丰富、数字技术强、能远程办公的用工需求不降反增。并且，疫情越严重的地方，这种工作结构调整的程度越大。

其实，服务业领域一直面临劳动生产率提升相对缓慢的问题。长期以来，在自动化程度相对更高的行业，新技术的应用不断提高劳动生产率，使得人员工资不断上升，而产品价格越来越低。

与之相比，劳动密集型的服务产业所面临的问题正好相反，这些行业很难通过自动化技术替代终端的劳动服务，比如理发、音乐演奏、医生看病等。同时，这些行业也面临着继续发展的需求，人员的工资也必须水涨船高。因此，在劳动生产率无法快速提高的情况下，这些行业提高工资只能通过服务价格的不断上升。

因此，受高工资吸引，机械化、自动化程度提高的那些行业所释放出来的劳动力会不断进入服务领域，致使整体经济增长和生产率面临一定的下行压力。对此，美国经济学家威廉姆·鲍莫尔提出了著名的"鲍莫尔成本病"（Baumol's cost disease），用以刻画上述经济问题。

新冠肺炎疫情的发生，倒逼人类探索社会经济如何拓展非接触的物理空间，以保持持续发展。为了应对这个新挑战，人类激发出来的技术创新彰显了巨大潜力。比如，原本劳动密集型的医疗卫生服务业通过加速的数字技术应用，实现了远程医疗的跨越式增长，这让我们看到现代经济有可能突破"鲍莫尔成本病"的约束，从而有望降低服务业不断扩大对长期增长的下行影响。

如何理解中国经济的结构与潜力？

疫情发生的最初两年，中国经济整体的增长不错，2020年经济增长率是2.3%左右，2021年实现了8%的复苏增长。从结构上来看，三驾马车之中出口表现特别好，投资表现也不错，最疲软的是消费。消费在宏观经济里的比重相对过低、投资相应更高的问题，2019年之前就已经有不少宏观经济学家关注。消费占比过低不仅影响居民当下的经济增长获得感，也会影响未来的投资回报。所以，无论基于短期还是长期的影响，中国都有必要进一步完善影响消费的收入分配结构，更好地促进增长和发展的良性关系。

从目前的数据看，我们能够进行收入分配调整的空间不小。可以对比 OECD（经济合作与发展组织）成员国的收入分配结构，OECD 成员国大概每 100 元 GDP 能分配到民众的可支配收入平均达到 60% 以上，美国更是高达 80%。2020 年中国的人均 GDP 约 72447 元人民币，人均可支配收入为 32189 元，占比为 44%。参照 OECD 成员国的平均数 65%，我们仍有高达 20% 的空间进行收入分配制度的改革完善，从而更好地促进居民消费和长期经济增长。

如何理解医疗卫生的发展规律？

自改革开放有系统的数据观察以来，医疗在服务业中的占比一直在提升。从 20 世纪 70 年代末到 80 年代初，中国医疗卫生支出占 GDP 的比重也就在 3% 左右，2020 年这一比例达到 7.2%，越来越接近发达国家的水平。从 OECD 成员国来看，这一比例在 10% 左右，当然它们之间也参差不齐，美国最高，接近 18%。

如何理解这个趋势的意义呢？我们不妨试问人类活着的根本追求是什么。尽管这个问题可以从宗教、哲学等不同角度进行回答，但幸福可能是大家的共同追求。幸福受物质、精神、政治等多方面重要因素的影响，但根本前提是健康，即少病、长寿。

实现少病、长寿的健康，自然离不开医疗健康服务业。因此，我们有理由相信，只要大多数人活得明白，人类会将越来越多的资源用于有利于身体健康、与延长寿命相关的产品与服务，从而促使医疗卫生服务业占 GDP 的比重必然越来越高。从这个意义上讲，人类理性配置资源的结果应该体现在上述增长结构的长期趋势当中。

至于前述关于"鲍莫尔成本病"的担忧，即伴随医疗健康等劳动密集型服务产业的规模不断扩大，能够机器化、自动化的替代程度难以再大幅度提高，从而制约整体经济的增长。果真如此也无须忧惧，因为人们用降低的经济增长换取了更为健康幸福的生活，也算是明智之举。反之，如果为了追求更高的增长，使得幸福安康打了折扣，也许才是应当避免的本末倒置。

如何看待中国医疗改革的得失？

"看病难、看病贵"，是多年来一直在讲的老问题。2009年国务院医改方案推进到今天已经十余年，对于这个问题的解决有了不小的进步。

2019 年之前，中国医疗保险制度包含三大保险计划。第一个是城镇职工医疗保险，覆盖 2 亿多具有正式工作的城镇职工人群，保费由所在企业和职工共同缴纳，以前者为主，这是福利水平最高的保险计划。第二个是为没有固定职业的城市居民提供的城镇居民基本医疗保险，保费出自财政补贴和个人缴费，保障水平次于城镇职工医疗保险。第三是农村新型合作医疗，覆盖曾经最大规模的农村居民，缴费和保障水平最低。

随着过去十多年的医改，各地相继把农村合作医疗与周边的城镇居民医疗保险进行二轨合一，逐渐发展成为城乡居民基本医疗保险。全国城乡居民医保的二轨合一制度在2019年全部完成，加上城镇职工医疗保险，构成了中国现今覆盖全民的基本医疗保险体系。值得强调的是，城乡居民基本医保从制度上终结了长期存在的城乡二元体制，从政治角度来看非常值得称赞，消除了城乡的身份歧视，意义非凡。农村居民只要缴纳所在地城镇居民同样的医疗保费，就能享受同样的医疗保障。

与此同时，数亿农村居民过去因为各种原因，医疗可及性低，不少医疗需求并未得到满足。加入城乡居民医保后，医疗服务需求和可及性很有可能得到系统性的提高。因此，城乡医保制度必然面临比过去更大的筹资挑战和支付压力。如何通过深化医保制度改革，既使城乡居民的医疗需求得到更好满足，又能提高医保制度支付的有效性和可持续性，将是医保制度建设面临的长期要务。

长期以来，在中国居民的医疗服务需求当中，药品使用一直是大头，次均医疗费用中"药占比"曾经高达一半以上。尽管近年有所下降，但相对其他国家和地区，我们仍然处于高位。

自2018年国家医保局正式成立以来，促进药品合理使用的改革成为重点工作之一，其中一大亮点是正式引入全国专家团队的系统性评价机制，为国家医保药品目录的年度调整提供更为科学、客观的证据基础。

我们知道，建立全民基本医疗保险就是为了给大众提供更好的医疗保障，提高医疗服务可及性。如果为了控费而控费，降低必要的药物使用，这显然不对。因此，医保目录必须开展更为科学的分析，包括引入药物经济学评价。2020年和2021年，我作为药物经济学专家组组长，有幸参与了这项工作，对拟进医保药品目录的药品进行经济学的综合价值评估。

如何从药物经济学的角度理解国家医保目录谈判？

药物经济学的评估是个比较技术性的问题，主要考察拟评估药物与参照药物的价值增量，主要从两个方面进行考量。

一是健康收益（疗效）。这方面主要考察两个指标。一般来说，大多数疾病都有一些现行的临床治疗手段，包括药物。所以我们会把拟评估的药物与同适应症的现有药物进行比较分析，看它在提升病人的健康收益方面有多大改善，把关键的结局指标归结到对患者生命的延长或生存质量的提高。比如一款新的肿瘤药，可能在提高患者的生存机会上相比现有药物没有多大的改善优势，但能使癌症患者的身体处于更好的状态，包括自我行动、家庭活动，也包括疼痛、呕吐、不适等副作用更小等，都是加分项。当然，能延长患者的寿命、提高生存率则更好。二是综合成本。在实际的治疗过程中，除了药物使用，可能还会需要相关医疗服务的支持，包括辅助用药、急救、住院、护理、康复等资源的使用，都会尽可能考虑进成本之中。有些药物本身的费用也许很贵，比如某款针对罕见病的药物，一年治疗费高达70多万元，大部分患者难以承受，即使纳入医保，其支付压力也大。与此同时，我们还需要计算应用此药后，是否以及如何影响其他相关医疗服务的使用，有些可能增加，有些可能减少，综合起来才能更为科学地评估总量资源的成本。

基于综合成本和健康收益，我们会进一步评估参评药品与现有药物的综合价值差异，最终给出是否进入医保目录和推荐价格的意见。其中，一个关键参数是关于健康收益的经济价值，这需要对疗效的关键结局指标——质量调整生命年进行赋值，即给出一个质量调整生命年的"价格"。参照世界卫生组织的推荐标准，一般情况下的质量调整生命年通常在各国人均收入1~3倍的区间。例如，中国目前的人均GDP在7万元人民币左右，如果取下限，一款新药增加一个质量调整生命年，只要总成本不超过7万元人民币，就具有"物有所值"的优势，从而成为专家推荐进入医保的重要依据。

经济学家介入国家医保药物目录调整更新的过程，其独特之处就在于能够基于真实世界数据，对评估药物进行量化的经济学成本-收益分析，这在很大程度上减小了利益相关方主观意见的影响程度，应当有助于提高国家医保药品目录遴选的科学性和合理性。每年国家医保药品目录的调整更新不仅关系到国家、患者以及企业等多方利益，也涉及满足公众短期需求和社会长期发展的复杂关系。如何能够实现多方共赢，优化短期和长期目标的平衡关系，是坚持开展国家医保药品目录科学评估的长期重任。

如何看待中国今后的改革与发展？

面向未来，我最大的期望是国家能继续坚持过去40多年以来使中国人都获益颇多的四个字——改革开放。因为改革开放，才有了今天的国家发展，经济规模跃升到全球第二；因为改革开放，才有如我这样出生在四川贫穷山村的孩子前往美国留学，并在美国北卡罗来纳大学获得终身教职后，还能返回祖国服务数年。自2006年全职到北京大学任教，至今又十七八年了，梦幻般的人生角色转换，每一步都离不开改革开放。因此，对于大多数中国人而言，我想象不到还有什么比进一步地改革开放更健康的发展道路。

当然，在改革开放的路上，随着国家体量的增加，中国在全球舞台的影响越来越重要，其他国家对中国的要求可能更高，在丈量中国问题时也会更严苛。对此，我们不该感到吃惊，而应该加强学习和培养在全球事务中的大国担当角色意识。

我相信，只要我们能够把人类命运共同体的价值框架作为发展道路的基本取向和行动规范，必定有助于在全球化下为我们的继续振兴发展创造更好的国际环境和友好条件。

如何看待中国的大国角色？

目前中国已经是经济大国，未来发展只要少些坎坷和折腾，经济体量的继续增长是大概率事件，成为全球第一大经济体的速度也会更快。与此同时，犹如人无完人一样，任何国家也不可能完美无缺。因此，大国的各种问题也自然会放得更大，面临的批评和苛求必然越来越多。回顾历史，直到第一次鸦片战争，中国长期居于全球农耕经济第一大国的地位。不过，因为农业文明的全球化程度过低，封建中国的内部问题并未在国际舞台暴露太多，更谈不上参与全球治理的历史经验积累。

时过境迁，当今世界处于加速信息化的互联时代，全球化把各国的发展全景拉得非常之近，相互之间的行动越来越透明。作为快速崛起的大国，我们的一举一动备受各国高度关注。因此，我们需要不断优化适应世界舞台主角的姿态和行动。

作为文明古国，我们具有不少自身特色和比较优势，也有不少需要借鉴和学习先进国家参与和主导世界事务的地方。特别值得一提的是，大国如何应对他国的指点批评大有学问。比如，当别人在公共场合挑剔你的国家问题之时，我们就有两种完全不同的反应态度。

一种是辩解，比如说"我们这个问题没有你说的那么严重"，或者反驳道，"你们的问题比我们还严重"。但在国际舞台上，这种辩驳其实不太可取，不仅软弱无力，还容易成为被动的否定之否定。

另外一种态度就完全不同，既不失大国礼仪，也更显责任担当，并可能赢得对方的理解甚至赞赏。针对上述指责，我们不妨这样回应："谢谢你指出我们这个问题。其实我们的问题还远不止这些，但是我们正在努力解决这些发展过程中大家都可能面临的问题。回看历史，我们较之过去已经取得不小的进步。我们还会继续努力，更好地解决包括你说的问题在内的各类问题。"

第七章
如何理解开放环境下的中国宏观经济？

卢锋

（北京大学国家发展研究院金光讲席教授）

如何理解经济下行与政策应对？

新冠肺炎疫情仍在持续，2020 年中国 GDP 比上年增长 2.3%，是全球唯一实现经济正增长的主要经济体。如果纵向比较，这一增长率是改革开放几十年来最低的年经济增速，可见疫情对经济的冲击确实很大。

2021 年前三季度的经济增速分别为 18.3%、7.9%、4.9%，四季度预计在 4% 左右，全年在 8% 左右，达到 6% 以上的预期目标应该没有悬念，说明我国在"稳增长"方面取得了积极的进展和成就，经济正在稳中有进地发展，成绩值得充分肯定。不过也应看到，2020 年和 2021 年这两年的年均经济增速估计在 5.3% 以下，也显著低于学界较为认同的现阶段我国经济 6%

左右的潜在增速。

由此可见，从经济增长和总需求复苏方面看，当前仍存在一些需要重视的问题。中央经济工作会议指出，我国经济发展面临需求收缩、供给冲击、预期转弱三重压力，说明决策层对目前经济增长所面临的问题有明确认识。

经济增长出现新困难的原因是多方面的。从疫情防控看，"动态清零"方针发挥了国情优势并取得巨大成效，但在外部疫情来源难以绝对控制的条件下，外部病例输入导致个别地方或局部疫情散发，就需要在一定区域强力管控抗疫。这对实现"动态清零"目标是必要的，但同时对经济特别是消费复苏构成某种制约，使我们面临统筹疫情防控和经济增长的两难挑战。

我国在 2020 年上半年密集实施较大规模积极宏调政策，鉴于疫情形势趋于稳定和二季度经济快速反弹，7 月底提出完善宏观调控跨周期调节方针，伴随刺激政策规模和强度回调与逐步退出。2021 年宏调政策一些指标显示相对上年有所收紧。我国宏观刺激较为审慎克制，避免了经济过热和发达国家的通胀问题，但也面临如何优化政策实现更有效稳增长的问题。

2021 年经济运行还有一个特点，就是一些部门比较密集地出台较大力度的监管和产业政策，如教培业整治、房地产调控、夏季减排治理和平台企业强监管等。这些政策设计都有合理性，具体实施后也带来了某些积极效果，不过客观上对经济增长也造成了影响，叠加形成显著的收缩性效果。针对这些问题，预计有关部门和决策层会务实总结经验，采取完善措施，保证我国经济更好地"稳中有进"。

如何理解出口的短期表现与长期影响？

2020年底，我曾用几个"没想到"概括过去一年某些方面的经济表现，其中强调对出口超预期增长尤其没有想到。为什么？因为2020年初在疫情的巨大冲击下，大家广泛担心出口会面临巨大压力，然而出口后来实际表现非常强劲。主要原因在于我国疫情防控较早见成效，较早实现经济企稳和供给复苏。到2020年底，市场和学界都担心2021年出口可能遭遇困境，然而2021年出口仍然增长强劲，疫情期间我国出口迈上一个新台阶。

从出口增速看，根据对2021年前10个月数据的估算，2020年和2021年两年平均增长率都在两位数以上。在21世纪初外向经济发展强劲时期，两位数以上出口增速属于常见现象。过去一段时间出口增速明显走低，能达到几个百分点的增长已属不易，疫情冲击下我国出口快速增长超出预期。

另外从出口对GDP增长贡献看，根据对2021年前10个月数据的估算，2020年和2021年出口减进口，即净出口对GDP增长的年平均贡献率应在20%以上。回溯此前10年，这个贡献率数值约为负1.3%，同样显示这两年出口增长超预期。

出口表现强劲可能与以下几点原因有关。我国疫情控制得比较好、比较早。面对最先出现疫情大规模流行的冲击，政府和社会采取强有力的防控措施，较早实现对疫情的控制，复工复产和供给复苏较早，早先投资累积的新产能释放出能力和作用。

另外，外部需求增长较快。我国贸易伙伴特别是主要发达国家，疫情后供给复苏受到严重制约，但在需求方面，这些国家动用大规模的货币政策特别是财政政策工具进行超强刺激，民众疫情期间收入不降反增，支持消费需求保持较快增长。同时，人们因为疫情所带来的生活工作习惯改变，必须购置一些新用品适应新的工作和生活状态，也推高了消费需求。这些国家国内供给不足，转向进口中国商品满足需求，合乎经济常识规律。

还有长期因素的影响。中国作为一个新兴大国，在发展过程中有一个结构性趋势变量，那就是可贸易部门的生产率持续追赶。可贸易部门包括不同部门，其中制造业占据最重要地位。20世纪90年代以来，我国制造业生产率持续较快增长，2021年国内经济增速回落背景下这一进程也没有停滞。生产率追赶伴随总体国际竞争力提升，在疫情特殊形势下得到集中释放。

随着国内外短期经济形势的变化，2022年我国出口增速可能会回调甚至不排除发生实际量负增长的情况，但是不大可能完全退回到疫情前水平。经过两年井喷式增长，我国制造业和出口的相对体量站上新台阶，这个基本态势难以逆转。

如何理解投资在经济增长中的表现？

在拉动经济的三驾马车中，出口有井喷式表现，投资和消费则相对疲软，这是我国宏观经济形势面临的重要问题。我国出口增长强劲令人鼓舞，同时总需求增长不及预期，意味着外需较强，而投资加消费构成的内需偏弱。

2020年实施较大规模应对疫情的积极宏观政策，主要对市场主体提供较多救助和扶持，同时政府在基础设施方面的投资投入增加，与同年消费对经济增长负贡献相比，投资的实际增长虽也有所回落，但是对当年经济增长贡献率超过90%。2021年消费从2020年的负增长快速回升，前三季度消费对经济增长贡献率回升到大约2/3。投资在宏观政策边际收紧调整背景下，增速相对下降，到最近几个月名义投资已经进入负增长区间。如果用PPI作为平减指数调整，实际投资增速负增长幅度更大，前三季度加总的投资贡献率回落到不及20%。目前经济运行面临三重压力，投资增长动力不足是重要背景。

从不同部门领域投资情况看：

首先，我国基建投资一直在相当程度上具有政策工具属性，政府调控效果比较明显。2020年基建投资对经济增长发挥了显著支撑作用，后来随着刺激政策调整，基建投资增速大幅回落，目前成为三大投资部门（基建、制造业、房地产）中的增速相对弱项。2021年12月中央经济工作会议要求适度超前开展基础设施投资，结合相关部门信息看，后续基建投资有望继续发挥稳增长的重要抓手作用，在财政、金融和产业政策配合发力背景下，2021年底到2022年初基建投资增长可能会较快恢复。

其次，房地产投资在2020年初疫情冲击下回落幅度较小，后来在三部门中回升最快，增速较高，表现比较突出。针对该行业高速成长中积累的金融风险和其他结构性问题，有关部门出台包括"三条红线"政策在内的严厉监管整顿措施，房地产投资2021年初开始从高位快速回落，三季度投资增速也回落到负值。2021年12月，中央经济工作会议对"房住不炒"的基本政策定位再次进行全面表述，其中也提到要支持市场更好地满足合理住房需求，房地产监管政策和市场走势具体演变还需要进一步观察。

最后，制造业投资表现相对较为稳定和强劲。得益于出口井喷和产能利用率提升，制造业投资在2021年初回落后到下半年大体企稳，11月投资增速仍保持在大约7%的较好水平，显著高于基建和房地产投资。

总之，重启整体投资增长是实现我国下一步稳增长目标的关键。目前看，随着稳增长政策加码，基建投资会较快回升，发挥积极支撑作用。制造业投资主要受到市场驱动，在总体宏观政策积极调整的背景下，也仍可能保持目前较好的增长势头。考虑这一轮房地产整顿还难以判断何时能完成，房地产投资受政策和预期因素制约，何时能止跌回升还存在较大不确定性。

政府和企业家群体是投资的两支主力军。从数据看，目前投资总体动能不足，民间投资相对而言偏弱一些。从21世纪初到2015年前，十余年间，除了2009年上半年前后4万亿元刺激这一较为短暂的例外情况，非国有企业投资增速总体都远远低于国有企业。近年私营部门投资相对增速下降较快，与国有企业投资增速比较已是各有短长，最近国有与非国有企业投资回落到基本相同的零值上下的水平。

除了宏观经济大势，政策和舆论环境也在一定程度上影响民间投资。此次中央经济工作会议重申"两个毫不动摇"方针，对于稳定民营经济发展和企业家投资预期是必要的。不过就短期稳增长目标而言，大型基建项目肯定仍然是比较重要的政策发力点，在这方面进行项目设计审批和各类融资措施仍会发挥政策的抓手作用。

我国所处的经济发展阶段意味着仍然有较多潜在具有经济合理性的投资机会，在上述基本宏观经济和政策形势下，"老基建"和"新基建"都有望出台新政策性举措，5G、新能源、传统城市建设以及水利工程都是值得关注的投资去向。

如何理解消费的偏弱？

消费应该是影响目前宏观经济大盘的最关键因素。2020年实际消费出现罕见的负增长。2021年疫情形势相对常态化后，消费增长快速反弹，前三季度对GDP增长贡献接近2/3，达到高于正常年份的水平。不过从季度和月度数据看，农村和城镇消费支出分别从二季度和三季度开始高位大幅回落，社会零售增速月度数据到三季度已经降到2%~3%的低位，可见消费弱势动态已相当明显。

消费不振成为拖累内需的关键原因，对这一现象可以从两方面理解。

一方面与输入性新冠病例冲击环境有关，为落实动态清零的疫情防控方针，需要分级分区采取各种较为强势的隔离管控措施。这一防控策略发挥了我国国情优势，在控制疫情流行范围以及发病率和死亡率等关键指标方面取得举世瞩目的成效。但是任何事情都会有代价，上述动态清零方针和严厉管控措施在客观上对消费复苏带来显著影响甚至成为拖累，构成目前的一个两难问题。

另一方面，消费疲弱与就业和收入复苏不充分之间存在互动关系：消费弱拖累经济增长，从而对就业和收入复苏带来不利影响，反过来劳动力市场和收入复苏不充分也会制约消费较快增长。劳动力市场5%左右的失业率数据看似不算高，但评估我国劳动力市场与宏观经济周期变化相适应的状态，还需要综合关注农业劳动力转移以及新增城镇就业情况。例如2020年受疫情冲击影响，我国农业劳动力转移极为罕见地减少500多万人，与当年GDP降幅为改革时期之最的相对冲击程度比较一致。2021年，农民工转移可能会恢复到2019年的水平，但与疫情前的增长趋势水平仍有几百万人的差距。

如何理解改革政策与调控政策的配合？

就我国经济形势而言，2020年是抗疫之年，2021年决策层和有关部门推出了一系列改革政策。例如为更好地应对人口老龄化问题，回应学界和社会多年呼吁，国家出台"三孩"政策，代表改革调整传统高度管制人口生育政策又向前走了一步；又如继续推进资本市场的注册制改革，建立全国性碳交易市场为市场化碳减排创造条件，通过电价改革调节煤炭价格与电价之间的结构性矛盾；等等。

观察改革开放40多年来我国的经济发展，可以发现一个规律性现象：一方面，经济过热或出现危机，必须采取必要的宏观调控手段进行逆周期调节，由此保障宏观经济相对平稳运行；另一方面，经济增长每上一个较大台阶，每实现一次阶段性的跨越，往往都得益于一系列重大且有利于发掘增长潜力与释放增长活力的改革举措，可以将此概括为"宏调谋稳定，改革上台阶"。

坚持改革开放是国家的基本方针，近年我国仍不断有改革措施出台，对经济有效运转和促进增长发挥了积极作用。然而十八届三中全会提及的一些关键领域改革仍有滞后，从现实形势看，要实质性提升经济发展内生动力，仍需直面一些具有长期增长促进功能的深层次改革。

如何理解美国对需求的强刺激及对中国的影响？

2020年疫情在全球蔓延之初，美国股市曾在10天内四次熔断，显示疫情大流行对美国金融和经济造成罕见冲击。为了应对疫情和经济危机，美国和其他主要发达国家出台了刺激政策，其规模和力度显著超过了2008年底同样罕见的金融危机，货币扩张和财政刺激双双达到超级宽松的程度。

疫情冲击来得猛烈急迫，并且不同于之前总需求不足导致的周期性衰退，疫情危机更需要采用结构性救助手段应对，这些都是推动美国货币财政政策超限宽松现象形成的现实原因。另外还有一个相关背景条件，是过去多年来美国学界和政界对宏观政策形成了新的理解，倾向于认为，在面对经济收缩实施刺激政策时，不应有早年那些过多限制顾忌，在某种程度上形成刺激最大化的政策共识。

同时，美国政学两界反思总结应对金融危机政策实践而形成一种观点,认为后金融危机时期的刺激政策退出太早,这是一个教训。其实,上次美联储零利率和量化宽松政策退出计划多次推迟,直到2014年才启动,减量、降息、缩表全过程到2019年才结束。这其实相当审慎甚至可以说有点保守,不过近年有观点还是认为退出过快,对财政政策退出情况批评得更尖锐。美国财政刺激政策在2010年就基本退出,此后奥巴马政府财政政策目标之一是实现周期性财政平衡,客观上具有某种相对紧缩效果。近年美国学界特别是民主党阵营学者和智库总结这方面经验,痛心疾首地认为退出过早是重要失误,不仅使得2010年民主党在中期选举中遭遇重挫,而且延缓了后来经济和就业复苏。

在上述背景下,美国政学两界在疫情前夕对更大规模运用刺激工具已更自觉地有心理准备。2019年,美国经济在后危机时期已复苏增长10年,当时市场和学界预期不久会再次遭遇衰退,有智库研究报告强调应对新危机需摆脱早先的理论和认识束缚,加大刺激力度。疫情大流行正值民主党重新执政不久,拜登政府在上届政府已推出五次财政刺激的基础上,又追加签署了美国救助法案,使得刺激规模达到前所未有的程度。

超强刺激对美国经济在2021年强劲反弹提供支持,同时加剧了经济供不应求和通胀压力。后金融危机时期,美国实施多年刺激政策,推动失业率等劳动力市场指标逐步改善并接近政策目标,然而通胀持续维持低位,一直未能稳定达到目标值。

因而，面对 2021 年通胀飙升，官方抱着"老黄历"坚持认为通胀是暂时性的。美国核心 CPI 在 2021 年下半年一直高于 4%，11 月进一步升至 5%，美联储不得不接受现实，提前减少资产购买，即启动减量。

这些货币刺激政策会如何退出？目前看来仍会采用上次后金融危机时期的减量、降息、缩表三部曲，但是由于通胀压力较大，整体进程可能要显著加快。按之前的减量计划，消减每月新增 1200 亿美元债券购买会在 2022 年年中完成，然后根据形势依次启动加息和缩表。但是在通胀压力继续加大的背景下，2021 年美联储 12 月会议决定加速减量，完成时间提前到 2022 年 3 月。

美元是主要国际货币，美国的宏观政策调整必然对全球流动性产生影响，也会给那些宏观经济基本面本就脆弱的新兴经济体带来压力。根据过往经验，美国的货币政策调整会令美元指数走强，美元升值带来全球流动性变化，进而对一些新兴经济体的宏观经济产生影响，这会成为 2022 年影响全球经济一个重要的不确定性因素。

如何理解全球化的新现象？

疫情冲击下，一方面许多发达国家的供应链、生产链出现问题，另一方面一些双边和多边的区域性贸易组织方兴未艾。

全球供应链和多边贸易规则面临一些新压力，这是近年全球经济格局演变伴随的一种趋势性变化，疫情冲击在一定程度上加强了这种趋势。

这一变化有其复杂原因。全球化已经快速推进几十年，在给许多国家带来很大利益的同时，也在很多国家特别是发达国家内部引发新矛盾。主要发达国家近年重新评估经济全球化规则和经贸政策，中美贸易战就是美国基于保护主义立场进行这方面政策再评估的具体表现。在特朗普政府时期，美国对华经贸政策甚至整个对华政策都出现系统性调整。与此同时，在疫情冲击下，全球供应链也显示出其脆弱性，某个环节因疫情而停摆可能造成大范围冲击和经济损失。

目前，包括中国在内的许多国家都在反思，如何合理平衡全球化及全球供应链带来的利益和风险。在全球化高涨的年代，企业倾向于选择精益生产模式，尽量减少库存甚至保持零库存以降低生产和营运成本，提升竞争力。新环境下企业风险意识增加，更加未雨绸缪，防范小概率但后果很严重的风险。

另外一个变化就是WTO多边贸易规则与全球化现实需要之间的不适应矛盾凸显出来，加上美国出于单边利益而不遵守既定规则，从而使得多边规则面临考验。WTO争端解决机制由于美国对仲裁机制的上诉法官遴选过程实行了一票否决，实际上早已停止正常运行，WTO在其他不少领域的改革也困难重重。这些都从特定侧面显示当代经济全球化处在重新校准的新时期，预示全球化可能面临减速调整时期。

历史上全球化有时快速推进，有时遭遇挫折，有一定的起伏性和间歇性。比如，20世纪两次世界大战期间，全球化遭遇重挫，然而二战后又获得重启发展条件。全球化生生不息曲折发展的根本原因，还是总体上有助于各参与国提高效率和经济福利。虽然全球化会在各国内部和国际关系领域带来新矛盾，然而趋利避害提升经济效益的根本动机会在长期胜出。

要继续推进全球化，就需要通过国际社会合作，通过调整、改革和创新来解决全球化发展中出现的新矛盾、新问题，包括进行国际经贸规则和治理方式的改革创新。中国作为正在崛起的最大发展中国家，这个调整过程对我国发展利益很大，同时我国选择的能动性和潜在影响力也很大。全球化未来发展并非存在某种必然注定的前景，而是取决于国际社会能否有效合作，也在一定程度上取决于中国如何认识和行动。

区域化和多边化之间既有矛盾的一面，也有互补的一面。在多边贸易规则遇到困难时，区域贸易规则往往就会变得比较活跃，并发挥推动促进多边规则形成的作用，例如创建WTO的乌拉圭回合谈判后期就曾出现这种情况。因而，区域性贸易规则和多边贸易规则不完全是竞争关系，两者也存在互补性。有些问题在多边场合一时难以得到有效解决，通过区域性创新或许可能为日后在多边场合解决问题提供借鉴和可能性。

中国已加入RCEP，2021年9月又提出加入CPTPP的正式申请，这显示我国重视全球化发展过程中出现的现实问题，同时也在务实地根据客观形势做出调整。中国不仅在推进区域化贸易规则创新方面大有可为，在多边经贸规则和全球经济治理改革完善方面也有能力做出积极贡献。

2021年是中国加入世界贸易组织20年，"入世"是我国改革开放历史进程的一个里程碑事件。入世之前，国内舆论存在明显分歧，虽然主流观点积极评价入世战略，但社会上也不乏质疑观点和负面评论，后者认为入世意味着"狼来了"，担心会对我国企业和产业带来严重冲击甚至致命损害。回头看，入世后我国国内企业和产业在竞争环境中超预期成长，国内经济不仅自身发展得更好，而且为全球经济增长做出了积极贡献，呈现出双赢格局。

我国在世纪之交得以成功入世，入世后经济快速增长，成效充分展现，有一个前提条件是我国此前已经过近20年改革开放体制转型的历练，为我国企业和经济在适应市场规则和国际竞争方面奠定了必要基础。正是由于具备了经济微观再造的积累历练，入世后我国经济不仅没有受到外国"狼来了"的伤害，反而如鱼得水，获得更好的发展环境，使我国企业在国际经济竞争舞台上有更出彩的表现，可见入世战略成功实践充分体现了我国改革与开放互动的原理。

中央经济工作会议提出，要通过制度性开放来推动深层次改革，以深层次改革来推动高质量发展。回顾入世开放历程对我们目前推动更高水平开放也有启示意义。改革初期我国对外开放有一个方针，就是在坚持我国基本政治经济制度的基础上，在经济体制和管理方面逐步接受国际规则，推动国内经济体制与外部规则接轨。入世标志着我国经贸体制和政策与国际规则大体实现接轨，意味着我国后续对外开放进入新阶段，并需要上升到新高度，本质上是要通过参与国际合作，创造和引领国际规则创新，从而赋予改革开放互动规律新的内涵。我国加入 RCEP 和申请加入 CPTPP，也可以从合作创建国际经济新规则的角度来观察理解。

第八章
如何理解美联储的政策调整与中国金融改革的重点?

黄益平

(北京大学国家发展研究院副院长、金光讲席教授)

美联储政策调整会带来哪些影响?

虽然新冠肺炎疫情到现在也没有完全结束,病毒在过去一年也变异活跃,但是从大方向来看,疫情时代即将过去。尽管目前疫情还在持续,各国的政策选择也不一样,但许多国家的国民生活和经济活动已经在逐步恢复正常,包括边境开放、生产复苏等。如果之后不再出现特殊情况,我想是要进入"后疫情时代"了。

为避免大危机发生,美国政府和美联储通常会不计一切代价采取应对措施,从1929年大萧条开始便是如此。这也是宏观政策的本意,即当经济下行时,货币政策、财政政策都会采取相应的支持措施。

在2008年到2009年全球金融危机期间，美国就做过同样的事情。政府财政出了很多钱，美联储也放了很多水，主要的流动性和资本金都补充到了大型金融机构。先把金融机构稳住了，经济也就慢慢稳住了。

这次情况不同，新冠肺炎疫情中受最大冲击的不是那些大型金融机构，而是中小企业和老百姓，因此美国这一轮的财政政策和货币政策，重点是把钱释放给中小企业和老百姓。

美国政策的重点是"保老百姓生活"，虽然疫情期间也有大部分资金流向企业，但前提是补贴那些能保就业的企业，同时直接把钱发给老百姓用于消费。美国的做法一方面体现了这次危机和上次金融危机的特性不一样，即疫情冲击的是生活和生产；另一方面也与美国的体制有关，为了总统的竞选连任，给老百姓发钱可以获得更高的支持率。

我们的做法和美国在理念上是一致的。我们提的是"保经济主体"，主要是通过财政政策、货币政策来支持中小微企业，最重要的措施就是通过金融机构，特别是商业银行，为中小微企业提供大量贷款。

政府在大危机期间花大力气稳经济并不是什么新鲜事，过去将近1个世纪以来都是如此。而疫情期间政策的特殊性表现为，一是在支持力度上史无前例，二是钱主要用于帮助老百姓和中小企业。

美国在 1929 年大萧条时期并没有采取目前这种大量发钱的应对措施。当时经济严重下行，但美国的货币供应量不仅没有扩张反而在收缩，所以后来弗里德曼在《美国货币史（1867—1960）》一书中专门就此批评了美联储。

美联储前主席伯南克在读博期间看了这本书，并接受了弗里德曼的观点，后来他在参加弗里德曼 90 岁生日庆典时公开承认了美联储在大萧条时期的失误。

也许正因为伯南克读了弗里德曼的这本书，并且在他刚刚就任美联储主席后就遇到了美国大危机，所以他采取了极度宽松的货币政策来稳定经济，而这背后的学术基础正是伯南克一直在研究的领域。所以我曾开玩笑地说，伯南克一辈子的学术经历似乎都在为一件事做准备——当上美联储主席后稳定全球危机下的美国经济。

补充一点，我们现在讨论的很多宏观政策，不论是财政政策还是货币政策，基本都认为是从大萧条之后才慢慢发展起来的。很大原因就是美国在大萧条期间并没有采取积极应对措施。

不管美国财政政策下一步要"抽水"，还是货币政策也提出减码量化宽松的力度，首先应当明确的是，既然是不计一切代价应对危机的措施，那么这些措施都是周期性的，退出自然也在预期当中。

就财政政策而言，美国还没有完全回收的趋势，包括拜登政府还在进一步推动很大规模的财政开支用于支持基础设施投资、产业升级，甚至可能还会继续支持老百姓的生活，只是政策重点可能会从之前给老百姓发钱转向投资对经济长期增长有利的领域，比如积累人力资本、改善基础设施和支持产业升级等。货币政策可能是主要的调整领域。目前来看，美联储很快就会收缩对流动性的注入。

值得关注的是，美联储货币政策正常化后会对世界经济产生巨大影响，因为美联储是全球最重要的央行，美元是全世界最主要的货币。在美联储实施量化宽松政策时，全球很多市场都经历了资本流入、货币市场利率下降、货币升值、资产价格上升、经济活跃等。中国也曾在一定程度上享受到这样的结果。但如果美国货币政策开始往回收，很多国家都会面临资本外流、货币贬值等压力，只是不同国家遭受的后果不一样，主要受以下因素制约。

一是国家资本开放程度。封闭市场受到的影响会小一点，但即使和外界没有金融市场连接，也还有实体经济连接，所以影响肯定会有。而在完全开放的市场，资本大进大出的情况就非常容易发生。

二是国家经济金融的基本面。如果一国的经济比较强劲、市场比较大，那么资本外流、货币贬值对经济的影响就不大，而且负面影响过段时间就过去了。但如果一国的金融体系本就很脆弱，比如银行不良率很高、经常项目逆差很大、金融体系不稳健等，那么货币贬值压力就会加剧资本外流，而且一个很小的起始变化就可能最终酿成比较大的金融动荡。

美联储在2008年至2009年全球金融危机时施行宽松货币政策，到2014年至2016年开始往回收，因此很多国家都遭受了货币贬值、资本外流，而南非、俄罗斯等金融经济体系本来就不太健全的新兴市场国家甚至发生了金融危机。

如果美国货币政策正常化，我们也会面临货币贬值和资本外流的压力，但我们的优势在于经济比较强、规模比较大，同时我们的资本项目并没有完全放开，再加上我们还有3万多亿美元外汇储备，所以维持金融稳定应该不会有太大问题，政府的操作空间也比较大。

不过，我们仍然需要对金融风险保持高度警惕，只是中国目前一般不会发生金融危机，因为资本是否会往外流，归根到底还是看钱在中国能不能有回报。如果经济增长强劲，金融体系稳健，那么资本外流的压力就会很小，甚至还会有资本流入的可能，所以说基本面很重要。

美国货币政策是否参考了日本的前车之鉴？

首先我们要了解日本为什么会发生"失去的20年"，这背后的原因很复杂。

过去流行的说法是，日本"失去的20年"源于1985年美日欧签订的《广场协议》。由于美日欧之间的外部账户不平衡，英国和美国的贸易逆差非常大,而日本和德国的贸易顺差很大,所以为平衡外部账户,英美迫使德日的货币升值。很多人认为,货币升值导致日本的出口竞争力下降,最后经济失去了竞争力。

有更多专家认为,日本在经济增速已经开始放缓的情况下,货币的大幅升值催生出史无前例的资产泡沫,包括畸高的房地产价格,因此当20世纪90年代初期泡沫破灭后,整个日本经济的竞争力被摧毁,最终导致后来的20年没有增产。

就目前来看,美国金融市场的问题并没有像当年的日本那样严重,但宽松的财政政策和货币政策能不能帮它避免日本那样的结果还不好说。因为花的钱只能托起短期的需求,20年的发展需要长期的经济增长来支撑,所以关键问题并不在于财政政策和货币政策是否宽松。

一方面,钱多了确实可以避免通缩,因为通缩对于投资非常不利。美联储在2021年底大幅度提高对通胀的容忍度,原来认为CPI数据超过2%就需要采取适当的紧缩政策,而2021年12月的数据已经达到5.5%了,也没有采取措施。

另一方面,如果很多钱没有用于推动生产力和技术进步,而是制造了资产泡沫,那么美国就可能像当年的日本那样面临陷阱。

短期政策的意义在于,当经济遭遇巨大冲击时,货币政策和财政政策应该以稳经济为目的,这也是宏观经济政策本来的意义。所以我觉得美国现在的做法没有太大问题,关键是看宽松政策将来能不能平稳退出。

"平稳退出"的含义是指要注意两方面：第一，支持政策退出后，经济自身是不是已经有足够的动力往前进；第二，应急政策虽然退出了，但政策所导致的一系列后果同样不容忽视。当货币政策一直非常宽松，即便CPI没起来，资产泡沫和金融风险也可能会起来。全球经济危机以前，美国的CPI稳定，货币政策宽松，经济增长强劲，大家一度认为时任美联储主席格林斯潘就是金融市场的"上帝"，但最后被忽视的金融风险酿成了一场波及全球的金融危机。因此，短期政策对后续的影响更需要大家高度关注。财政政策也是如此，美国现在公共债务的比例已经非常高，政府如何逃离高负债陷阱也是必须面对的问题。

如何防范系统性金融风险？

2021年中央财经委员会第十次会议除了提到共同富裕，还有一个重要内容就是强调了防范系统性金融风险。但系统性金融风险的问题并不是刚提出来的，已经说了很多年。

现在金融体系有两个比较大的问题：一是金融支持实体经济的力度在减弱，简单说就是金融效率在下降；二是一些经济活动中的金融风险在上升，从2015年以来在很多领域都表现明显。

政府现在提出来要守住不发生系统性金融风险的底线，因为我们过去确实存在一些风险，同时在疫情过后可能还会面临新的风险。疫情期间银行给很多中小企业都发放了贷款，2020年银行贷款增长了30%，其中有相当一部分都是政策性贷款。这里面就存在风险，只是目前没有暴露出来。

我主要担心两个领域的金融风险。

第一，中小企业贷款。将来如果有一部分贷款出现问题，银行的不良率就会上升。大银行倒不用担心，因为它们的资产负债表很健康，而且这些政策性贷款也只是大银行的一小部分业务，后期即便出现问题，银行内部交叉补贴就完全可以消化。令人担忧的是一些中小银行，中小银行的主营业务就是支持中小企业，会不会有一大批政策性贷款出现问题？现在我们把支持政策应延尽延、应续尽续到2021年年底，那么2022年银行的不良率会不会上升？

第二，地方政府的债务。经过这一轮的政策支持后，政府总负债率大幅上升，尤其是地方政府债务上升非常明显。一些地方国企、地方政府和地方融资平台的金融风险已明显上升了。但是这些风险问题也有其独特性，背后有政府信用在直接或间接支持，总体来说也不会一下子就爆雷，主要是怎么化解或缓解风险的问题。

上述两种风险，我本来以为在2021年底会爆发，但实际上并没有，倒是房地产开发商出了问题。

以上三个问题实际上是同一个问题,即杠杆率很高时,只要有风吹草动就容易出问题。政府在 2020 年 8 月给房地产行业画了三道红线,因为很多房地产开发商是借钱来做业务,潜在风险比较大,所以画三条红线就是要慢慢化解高杠杆风险。当三条红线一画,一些金融机构变得更谨慎,原来是持续在为开发商提供融资支持,现在就有点担心或不积极,于是开发商的日子就难过。

这些例子说明,杠杆率本来就非常高,疫情后又在继续提高,同时经济增长在减速,经济增长模式在转变。模式转变意味着过去很多做得挺好的事情做不下去,需要创新,这对降低金融风险确实是一个非常大的挑战。

这就是为什么中央现在提出来要防范系统性金融风险。

如何构建支持中小企业创新的金融体系?

从政府层面来说,能做的事情有两个方向,一是市场化改革,二是金融业务创新。中小企业是支持创新的主要力量,以中小企业为主的民营企业在全国创新活动中占到 70%。如果我们不能很好地支持中小企业融资,那么将来创新和增长就会有问题。

很多中小企业都是民营企业。在资金配置中,民营企业和国有企业并没有公平竞争或是站在同一条起跑线上。这个问题不指望在短期内能解决，但是应该不断缩小企业因性质不同面临的差异。金融机构在支持企业时，应主要考虑企业的财务状况、还款能力以及对经济的重要性，而不是考虑它是国企还是民企，所以中小企业的融资环境需要获得改善。

这几年政府一直鼓励支持中小企业，让银行多放贷款。但是银行多放贷款的前提应该是风控要求而不是行政命令，否则将来也要出问题。

此外，监管部门一直要求银行降低对中小企业的贷款利率。从理论上来说，中小企业比较困难，金融机构支持中小企业发展就应该为它们提供更多、更低息的贷款，但这又背离了商业可持续原则，因为金融的基本原理是风险和资金成本要相匹配。

要改善中小企业的融资环境，我觉得市场化改革是很重要的一个方面，需要实现市场化的风险定价。对中小企业而言，资金成本高一点带来的影响并没有那么大，最重要的是拿到资金去开展业务。但如果政府强行把资金成本压得很低，就会直接影响金融机构放贷的积极性，因为赔本买卖不可能长期做。

现在中小微企业遇到的融资贵问题不应该靠监管解决，而应靠市场化的办法。比如宽松货币政策，当利率水平普遍下降，那融资成本也会降低；比如增加金融行业竞争，让金融机构竞相为中小企业提供贷款，提高效率、改善服务甚至降低融资成本，这也是比较好的结果；再比如，通过更好的方式来控制风险，让金融机构有更好的办法清楚风险所在，避免企业违约。

政府如果实在要给中小微企业低成本融资，那么就应该用财政来贴息，而不是长期要求银行降息，因为后者不可持续，还会导致很大风险。

就各国金融体系比较来看，资本市场更加适合支持金融创新，我们应大力发展多层次的资本市场，更好地支持创新活动。北京证券交易所的主要服务对象就是一些具有创新特性的中小企业。从市场结构来说，我们需要鼓励增加如北京证券交易所这样能够直接支持创新活动的平台，并且越多越好。

除了更平等的市场化风险定价，金融体系内部也需要业务创新。在业务模式上，银行要给创新型企业提供贷款，意味着对银行的风控能力提出了新的要求。传统的中小企业，尤其是一些创新型企业，很难达到传统金融机构融资的要求。银行一般要看企业的财务报表和抵押资产，而中小企业去资本市场融资的门槛比银行更高。银行在过去只是简单地看企业的资产负债表和资产抵押，将来还得有能力评估企业的知识产权和市场潜力。现在经常讨论"数字金融"，用大数据做风控的效果还不错，因此应该鼓励更多的金融业务创新。

归根结底，我们要增加对创新企业的融资，但前提条件是要把风险控制住。把钱贷出去不算本事，收回来才算本事。要"构建现代金融体系"来适应和支持经济发展新阶段的需要。

构建一个真正服务中小企业创新发展的新金融体系，有很多工作要做，每一项都不可或缺，但核心是如何能把放出去的钱收回来，所以最重要的还是控制风险。

国内现在已经有一些创新，比如大数据信用风险管理框架，利用企业主在线上活动留下的数字足迹来判断他的还款能力和意愿，这个做得比较好。数字经济领域将来还有很多发展空间，比如数字供应链金融，每家企业肯定跟某一个供应链有关系，监测供应链，对支持风控就非常有用。再比如成立北京证券交易所这类平台，为更多的创新型中小企业提供服务。

此外，大数据可以分析出企业的稳健程度和市场潜力。据我所知，现在有一家创业公司就专门把全世界知识产权的数据整合在一起，它不仅能看到全世界有什么样的知识产权专利，还能看到什么样的企业在使用这些专利，知道某个专利的市场价值和发展潜力。

这些创新都是在支持更多的中小企业到资本市场上融资，在这方面我们还有很多事情可以去做，只是过程中会遇到困难。

数字金融如何服务中小企业？

数字金融除了能够在风控上有比较大的优势，还有一个很重要的意义，就是为中小企业提供的服务是海量、快速和高效的。

以微众银行和网商银行这两家新型互联网银行为例，它们在处理业务的过程中基本不需要人工干预，也不需要与客户面对面，它们用大数据风控把不良率控制住。互联网银行的平均不良率低于传统商业银行同类贷款的不良率，说明它们的风控做得还不错。这样的互联网银行一般在全国只有一个办公点，员工有两三千人，但是每年可以发放1000多万笔贷款，这在传统银行是难以想象的。它们最突出的优势是利用数字技术通过大平台获客。大平台包括微信、淘宝和支付宝，每家都有几亿甚至10亿的活跃用户，有效解决了银行的获客问题，这是我们过去做普惠金融比较难解决的。

普惠金融就是要给低收入人群、小微企业和农村居民等提供服务，但首先面临的一个问题就是找到这些人群。传统银行通过开设分行来找，但开设分行不但成本高，而且即便每个县开一家分行也不能触达所有的目标人群。现在很多银行都在减少实体网点，因为没有那么多的业务需要开展。而数字金融为用户带来的最大改变就是，在中国只要有一部智能手机和移动信号，客户就能享受和传统金融几乎相同的服务，这是一个革命性的变化。

如何解决老百姓的"投资难"问题？

在政策层面，要增加投资渠道，大力发展资本市场，把理财产品做好，同时为对外投资提供渠道。这些事情目前都在做，具体来说主要集中在两点：

一是提高市场质量。现在股票市场整体上还不太稳健，风险很大，所以要把市场质量做好，包括解决理财产品刚性兑付的问题。二是为老百姓提供系统性的投资服务，主要包括两方面：一是要从销售理财产品转向提供理财服务，包括教育理财者关注中长期收益，实现风险可控的稳定投资；二是实现稳定投资的前提是要有更丰富的理财产品来做组合，让老百姓投资不是只能买房子，而是针对不同需求可以选择不同的产品组合，组合中既有风险高、回报高的产品，也有风险低、回报低的产品。

综合来说，政策层面就是要支持资本市场高质量发展，同时让理财产品变得更加丰富。过去老百姓有钱了要么放银行，要么买房，而现在这两个投资渠道的有效性和吸引力都在下降。老百姓有可投资的资金，但是能投资的渠道很少，从长远来说会造成两个困境。

第一，如果老百姓的收入只有劳动报酬而没有资产性收入，这会对经济长期增长造成很大的问题。我们要构建国内经济大循环，循环的一端是需求，而需求就是消费需求。如果老百姓的收入不能增长，特别是人口老龄化造成劳动人口萎缩，消费就会成为很大的问题，经济增长就很难持续。

第二，如果十几亿人手上都有资金但没地方投资，这带来的不确定性会很大。过去几年每出现一个投资热点，大家都趋之若鹜并搞出一个泡沫，等泡沫稳定住了、钱收回来了，就开始制造另一个泡沫。这导致金融风险在不同领域游走，背后的原因是老百姓有钱但无处可投，或是投完没什么像样的回报。

要完全解决这个问题很难，但是缓解这个问题可以从两个方面考虑。

第一，增加稳健的投资渠道。现在是有投资渠道，但缺少稳健的投资渠道。我们的资本市场、债券市场、股票市场市值已经在全世界排名第二，老百姓没地方投资的现状似乎令人难以置信，但其实我们缺少的是稳健的投资渠道和较好的投资回报。这说明市场的质量还有待提高。

过去是市场做得比较大，但流动性和换手率不够，投了十几年还是在某个点位上徘徊，投资者没有得到很好的回报。虽然现在规模特别大的理财产品市场也是一个很好的投资渠道，但是这个市场也有问题，例如刚性兑付、不规范等。所以总体来看，要丰富投资渠道，为老百姓提供更多的投资机会。

提供投资机会又包括两个方面。一是要提高产品质量。上市公司起码要让数据可信，这是前提。此外，要把整个市场机会都利用起来，包括理财产品、影子银行、正规市场，也包括将来资本项目开放后的内外投资，即产品质量要提升。二是产品内容要多样化。老百姓过去的投资观念是只持有一种产品，但真正的投资需要不同的产品组合并提供综合性的投资服务。组合中不光有风险高、回报高的产品，也要有风险低、回报低的稳健型产品，并且不同的人需要不同的投资组合。

第二，要解决"投资难"问题，在很大程度上需要改变投资者的理财观念。过去的理财服务基本都是直接以营销为主要手段，卖了产品之后收到手续费就不管了。但真正的理财服务应该是综合性的，依据投资目标、风险、客户收入等给出综合性建议，并且针对不同投资者的建议也不一样，比如收入较高的投资者的风险承受能力较强，而对退休人员来说稳健投资最重要。实际上这种服务现在也有，但一般只针对收入水平高、财富数量多的人群，否则对金融机构而言得不偿失。将来可以用数字技术来让老百姓投资，让他们也享受这样的服务。现在出现了"智能投顾"，但到目前为止特别成功的案例还不多，一是因为项目本身还不是很成熟，二是因为市场还没有形成，产品也不够丰富。

总的来说，老百姓投资需要产品分散一些、稳健一些，要懂得风险是什么，而且只能通过投资了解风险的产品。老百姓投资难是比中小企业融资难更大的问题，需要从宏观层面花大力气去解决。

如何展望下一步的经济发展与金融改革？

无论是中国经济还是世界经济，进入后疫情时期，能不能平稳过渡到正常增长都是最重要的问题。对世界经济来说，挑战还是比较大。

一方面，很多发达国家要生产生活正常化了，但当宽松的财政政策和货币政策退出后，增长是否可以持续还面临很大的不确定性。另一方面，很多发展中国家的疫情还是很糟糕，没有疫苗或者没有足够的疫苗导致疫情的发展不确定。

国际货币基金组织预测2022年全球的经济增长为4.9%（2021年是5.9%）。考虑到2020年是负增长，所以2022年的实际增长情况会比2021年更好，但还是有很多不确定性，值得我们关注。

对中国来说，也面临同样的问题。疫情期间，我们的经济复苏是不平衡的，其中最大的推动力量是出口。虽然投资也不错，但主要集中在基础设施投资和房地产投资，制造业投资不是特别强。

将来我们的消费能不能恢复，这将是一个很大的考验。消费究竟应该在经济当中发挥多大的作用，这在经济学界也有争议。中国40年经济增长的基本特征是消费的力度总体偏弱。我们过去一直说经济增长靠"三驾马车"，其中主要是靠投资和出口。2020年疫情期间，出口也成为中国经济非常重要的支持力量。很多国家因为疫情不能生产，而我们把疫情控制住后快速恢复了生产，所以我们的出口表现超常强劲。但是2022年世界各国都开始恢复生产了，一旦我们的出口下降，国内需求又跟不上来，那么经济增长就充满不确定性。

2021年我们看到一个非常有意思的现象：美国的生产品

价格很高，消费品价格也很高。我的解读是供给因素造成的，疫情使得投资品和消费品供给都受到一定影响，但是需求还比较强劲，政府花了很多钱投资基础设施和支持老百姓消费。正因为需求很强而供给不是那么强，所以美国的通胀压力非常大。

我们的情况是，生产品价格确实很高，但消费品价格并没有那么强劲。控制住疫情后我们的生产没有问题，但消费比较疲软。如果这个趋势延续下去，同时面临出口下降，那2022年的价格下行压力会进一步加剧，甚至使得国内出现更多的产能过剩的问题，这是值得我们高度关注的。

对中外来说还面临同样一个问题：如果疫情能过去，最大的挑战就是经济能不能平稳过渡到正常增长。对我们来说挑战也更多，因为我们的目标不仅仅是正常增长，还有经济发展新格局、新阶段和"双循环"，这些转型都将面临很多挑战。

在金融领域，"十四五"期间比较受关注的就是稳步推进人民币国际化。我们从2009年开始推了一轮人民币国际化，到2015年以后实际上进入停顿阶段。现在决策层提出在"十四五"期间进一步推动人民币国际化，或者有的官员称之为"人民币国际化再出发"，这个"再出发"和以前的想法可能有一些差异。2009年提人民币国际化，更多的是倾向于支持跨境贸易和投资结算。下一步，我们更多的是要让人民币作为一种投资品，即储值工具。此外，过去的人民币国际化主要由政策来推动，下一轮主要看市场需求，包括我们将来金融市场的双向开放。

我对"十四五"期间人民币国际化有一定的期待。这里有一个比较大的问题是,金融市场到底能开放到什么程度?金融市场开放有好处,也有坏处,如果金融稳定受到影响,最后也许是得不偿失的。所以,政策决策其实就是权衡利弊。

第九章
如何理解和应对中国的"高龄少子化"趋势？

雷晓燕

（北京大学国家发展研究院教授、学术委员会主任，
教育部长江学者特聘教授）

中国老龄化的突出特征是什么？

我国的老龄化至少有三个比较明显的特征：

第一，人口老龄化的速度加快。将2010年"第六次人口普查"和2020年"第七次人口普查"结果进行对比可以发现，我国65岁以上人口占比从8.9%上升至13.5%，增长了大约1.5倍。

第二，老年人口规模庞大，2020年65岁以上人口数量已达1.9亿。

第三，生育率已经非常低。2020年总和生育率为1.3%，已处于超低生育水平。

综合以上三点，可以看出我国的老龄化呈现出"老龄少子

化"的突出特征，准确地说是"高龄少子化"特征，而且未来我国 80 岁以上人口的增长速度要比 65 岁以上人口快两倍以上。

"未富先老"最让人担心的是什么？

"未富先老"最让人担心的问题主要有两个。

第一，对经济发展的冲击。"未富先老"是指经济水平还没有发展到一定程度，但人口已经先老化了。老龄化和经济发展会相互影响：一方面，当经济发展到一定水平，人的寿命会更长，生育率会自然下降，所以经济发展会加剧人口老龄化；另一方面，老龄化对经济发展可能会产生负面影响，而且其影响会表现在多个方面。

我和赵波对比了 100 多个国家和地区的数据，发现老龄化对经济发展存在一定的负面影响，并且主要通过三个渠道发挥作用。

一是减少劳动力供给。老龄化导致劳动力减少，直接影响经济发展。二是减少资本积累。老龄人口增多会降低社会的储蓄率和资本形成率，资本要素不足会影响经济发展。有些人觉得老年人喜欢储蓄，但这有个前提就是有收入可存，一旦退休后收入减少，也就没钱可存了。有的老年人存的是子女给他们的钱，因为舍不得花，但减少消费对经济发展同样有负面影响。况且，子女给的钱实际上是年轻劳动力创造的收入，它们被存起来并没有用于消费。三是改变经济结构。随着人口老龄化，第三产业（服务业）增加，经济结构会从以第二产业为主转变为以第三产业为主，也可能影响经济发展。

第二，对养老的影响。人老了需要被照料，当经济还没有发展到较高水平，我们的经济资源能不能支撑社会养老服务体系建设？从经济上看，养老的钱够不够？从资源上看，有没有时间和人来照料老人？这两方面问题应特别引起重视。老年人多了，参与社会生产的人少了，同时养老的需求增加了，需要劳动力投入。我们面临"老龄少子化"或"高龄少子化"，传统的"养儿防老"方式就成了问题。

除经济影响外，老龄化还会引发一些社会问题，主要表现在三个方面。

首先会加剧社会不平等。人口结构在地区之间、城乡之间有不同，养老制度和医疗制度安排存在地区和城乡差异，所以老龄化会加剧社会不平等。就拿退休制度来讲，强制退休只是城市居民才会面临的问题，农村的基本观念是"活到老，干到老"，并没有"退休"的概念。这些年农村也推行了养老金制度，即建立了新型农村养老保险（新农保）制度，这方面的城乡差距在缩小，但是老年人无人照料的问题在农村就比较凸显，老龄化会加剧这类不平衡问题。

其次是社会"适老化"问题凸显。一方面是我们的基础设施需要"适老化"。老年人行动不方便，容易摔伤导致失能甚至致命，但很多小区没有建设满足老年人生活需求的基础设施，比如没有电梯等。另一方面是数字化建设需要"适老化"。我们的社会在快速老龄化，也在快速数字化，老年人在这一过程中很容易被落下，包括线上购物、缴费等。如果掌握不了这些数字技术，不但会影响老年人参与社会活动，还会影响他们独立生活。前两年国家在数字化建设中也推出了一些照顾老年人需求的过渡性措施，比如在银行、医院等自助机旁安排专人为老年人服务，未来在"适老化"建设方面还应更加重视。

最后是医疗支付用于看病太多，防病太少，资源错配。以前大家追求"有病可医"，但实际上更重要的应是"预防疾病"。生病除了给人带来不适甚至痛苦，还会产生很大的医疗和照料成本。如果我们提前把重点放在预防上，日常生活中多加注意，让老年人的身体更健康，后续的医疗和照料成本自然会减少。因此，预防疾病从金钱和时间上来衡量，都是应对老龄化更有效的措施。重视预防疾病，光是宣传引导还不够，还需要有制度保障，比如把一些健康行为纳入医疗保险，从源头上降低医疗支出。

老龄化会给社保和医保带来什么挑战？

老龄化会产生更多的社保、医保开支，退休老年人口要领养老金，而且比以前领的时间长，老人看病也比年轻人多。人口老龄化意味着劳动力减少，交社保的人越来越少。这是我们现在面临的两个非常重要的问题，即社保制度和医保制度的改革问题。

第一，关于社保制度。

"年轻人少了，老年人多了，交社保的人少了，开支多了"，这句话形象地总结了我国现在实行的社保"现收现付制"，即把当期年轻人的钱收起来付给当期的老年人作为养老金。但社保体制还可以是"积累制"，即当期年轻人把钱积累起来作为自己以后的养老金。这两个制度有差异，一个是横向解决问题，一个是纵向解决问题。

"现收现付制"下养老金是否足够与人口结构有很大关系。老龄化问题出现之前，我国年轻人很多，老年人少，当期年轻人养当期老年人很容易甚至还有结余。但随着人口结构变化，老年人越来越多了，"现收现付制"就不可持续了，会造成养老金缺口，我国一些老龄化严重的地方已经出现了这一问题。

养老金"积累制"则不受人口结构影响，它类似于"个人储蓄"，只不过它的规模很大，需要从国家层面来统筹。养老金制度设计中最重要的就是将社保由"现收现付制"转换成"积累制"。目前，我们缴纳社保有个人账户制和社会账户制，其中个人账户制就是"积累制"，你存在里面的钱累积起来就是未来可以花的钱。今后要把个人账户这块做大做实，将"现收现付制"转换成"积累制"，减小社保受人口结构老龄化的影响。

从"现收现付制"转为"积累制",现在有很多提法,包括用国有企业资金来支付当期老人的养老金,让当期年轻人的钱积累起来以后用,由此逐步实现由"现收现付制"向"积累制"转化,经过研究评估,该方案能发挥较大作用。

这是社保改革中很重要的一步。同时,还需要更好地管理社保资金。这个盘子非常大,可以交给专业机构,进行规模化的社保理财并取得更高收益,以弥补养老金缺口。

第二,关于医保制度。

近年我国的医疗保险制度建设取得快速发展。首先从覆盖面看,原先只有城市正式职工享有"城职保",2003年后"新农合"覆盖了规模庞大的农村人口,2007年"城居保"又解决了主要针对老人和小孩的城市无业居民的医保问题。至此,我国三大主体基本医疗保险覆盖人群已达到95%。

其次,医保的深度也在推进。比如"新农合"报销的比例最开始特别低,后来也在逐渐增加。医保制度建设快速发展,带来的积极影响是很明显的。第一,医疗服务的使用率提高,减少了老百姓有病不能看的问题。第二,有研究发现"新农合"与"城居保"不同程度地提高了老百姓的健康水平。第三,医保有效减少了老百姓的后顾之忧,大家敢去花钱了,促进了消费,进而促进了经济发展。

此外,研究还发现医保大大减少了死亡率。

当然，医保制度也引发了一些问题。比如由于大家看病不用完全自费，导致医疗费用支出过度等问题。近年来为控制医保开支，国家实行了疾病诊断相关分组（DRG）和病种分值付费（DIP）等医保支付制度改革，力求在保证服务质量的同时控制医疗费用。目前这些改革已全面铺开，相信未来还会做得更好。

关于医保的资金来源，目前不同类型的医保资金来源不一样。"城职保"是从个人工资中扣缴一部分，企业缴纳一部分；"新农合"和"城居保"则是有不同性质的政府补贴。"新农合"最初是个人或家庭出 10 元，地方政府补贴 10 元，中央政府再补贴 10 元，一年只需要缴费 30 元。这些年缴费和报销额度都在不断上涨，有的地方已经涨了 10 倍以上，但资金来源还是个人、地方政府和中央政府三方面，同时由县级政府层面来统筹。"城居保"的资金来源与此类似，只是由市级政府层面来统筹。

最后还要特别强调一下，应尽量实现健康的人口老龄化，只有越多的老年人身体健康，才会从根本上减少养老和医保的压力。

老龄化是不是也会带来银发经济和教育红利？

老龄化本身就是社会发展进步的结果。国家统计局的数据显示，我国城乡居民人均预期寿命从新中国成立初期的 35 岁提高到 2019 年的 77.6 岁。其中，中国男性平均寿命为 73.64 岁，中国女性平均寿命为 79.43 岁。

同时，老龄化也能给经济和社会发展带来积极正向的影响，比如会促进"银发经济"发展。智能技术的发展也会减弱老龄化的负面影响，这主要体现在以下方面。

首先，智能技术可以弥补劳动力的不足。当我国的老龄化问题出现时，智能技术已经发展到较高且较普及的水平，我们可以利用先进技术替代一部分劳动力。比如，有制造工厂大批量引入机器手臂，替代一些流水线工人的工作。对此我们也有相关研究，2021 年北京大学国家发展研究院与美国布鲁金斯学会联合课题组共同开展的研究《中国 2049：走向世界经济强国》已出版成书，书中就讲到老龄化带来的社会冲击，也讲到智能化技术对劳动力不足的弥补。

其次，技术手段对解决养老问题也会有帮助。比如促使养老过程不再完全依赖劳动力，让机器陪老人聊天或者帮助老人做一些体力活。

最后，有助于老年人主动发挥自身价值应对老龄化社会。"银发经济"的核心就是要在社会发展中积极发挥老年人的作用。

今天的老年人和前几代的老年人相比已经很不一样，他们的健康状况更好，受教育程度更高，掌握的技能更多。一部分老年人虽然退休了但身体硬朗，自身也有很强的为社会做贡献的意愿。研究也表明，由退休导致失去价值感、存在感的心理落差，对老年人的心理健康存在一定的负面影响。

银发经济的产生一方面是老年人有继续为社会做贡献的需求，另一方面也要有专门针对老年人的工作岗位供给。银发经济就是要积极发挥老年人自身的作用来应对人口老龄化。当然，退休后是否继续为社会做贡献，应当是老年人的自愿选择。有些老人觉得自己的健康状况不适合再继续工作了，就不应强迫他延迟退休。

这就要求我们设计灵活、可以自由选择的机制，真正发挥"银发经济"的价值，不宜在退休年龄问题上一刀切。有些人退休之后可以更好地享受生活，特别是那些从事繁重体力劳动的人，退休会改善他们的身体健康状况，因此延迟退休政策可能会遭到这部分人的反对。对于有些坐在办公室完成脑力劳动的人，工作对健康的消耗并不大，退休后反而可能因为失去工作的成就感而郁郁寡欢。因此，我们需要退休制度更有弹性，并配合不同的激励机制，比如延迟退休可以得到更高额的退休金。准确地说，不是调整退休制度，而是调整养老金领取制度。我们现在是把退休和养老金两件事直接挂钩，其实二者应该分开来考虑。我们需要设计的是大家什么时候领养老金，以及养老金的数额如何与为社会服务的年限挂钩。

这中间涉及一个问题，那就是现有的法定退休年龄是几十年前设定的,相当于当时政府给大家的一个承诺,将要退休的人会根据这个政府承诺来规划自己未来的生活,包括还要工作多久、什么时候拿养老金、应该消费多少等。如果要一刀切地延迟退休,对这部分已经准备退休的人影响会比较大,所以退休制度改革应该是一个渐进的过程。总之,让个体根据自身具体情况来做选择,从而实现社会整体效益最优化。

关于教育红利,第五次、第六次、第七次全国人口普查的数据显示,中国人均受教育年限分别为 7.83 年、9.08 年和 9.91 年,呈现出较快的增长趋势。如果说我们之前的发展主要靠人口红利,利用的是人口数量上的优势,那现在人口的受教育水平提升,应该可以更好地发挥人口的质量优势。

从国际比较来看,目前 9.91 年的平均受教育年限也并不太高,这意味着未来在利用教育红利、发挥人口质量优势方面还有很大的空间,尤其是加强对劳动力的技能培训,帮助劳动力完成转型。教育红利不仅指基础教育,还应包括职业教育培训等,而且各年龄段人群都有培训的需求和价值,这对提升我们应对老龄化的能力非常重要。

目前与老年人相关的服务产业包括很多方面,已经发展起来的也很多。

一是养老机构,这是养老需求最大的产业。对于养老方式,国家现在提倡"9073",即老年人中 90% 居家养老,7% 社区养老,3% 机构养老。有些城市略有调整,提出"9064"的目标。

二是社区养老产业也发展得非常快。现在的社区养老包括构建新型养老社区，让老年人集中居住，但是提供和居家养老一样的生活条件。还有的在原有社区里增加养老服务，比如提供上门送饭、上门医疗服务等。或是在社区里建立托老所，可以让老人日托或全托。

三是数字技术做"适老化"应用。2021年我在华北做关于"一老一小"的调研，看到一些新型社区、村庄的数字化技术应用做得非常好。比如有的村里有一块大屏幕，村里老年人的需求可以通过家中的按钮及时呈现在屏幕上，屏幕前有相应工作人员对接不同的老人。这就是数字技术做"适老化"建设的一种表现。老年人不容易掌握数字技术，但可以提出需求后由年轻人来帮助他们实现。这类数字技术应用到养老服务上的例子还很多，包括便携式医疗技术服务等，未来应该都能够获得较好发展。

影响生育率的关键因素有哪些？

主要原因归纳起来是"三座大山"，即生育成本、养育成本和教育成本。

生育成本主要针对女性，我们称之为"生育惩罚"。因为女性生育会耽误工作，导致企业不太愿意招聘女性。同时，女性回归职场后也会面临很多压力。

养育成本包括照顾还没有上幼儿园的孩子，以及接送上幼儿园、中小学的孩子，还包括为照顾孩子的保姆或者老人提供住房等。这些对家庭的人力、物力支出都提出了更高的要求。

教育成本体现在从幼儿园到高中整个教育阶段，家长和孩子都承受了巨大的压力，当然我们也提出了"双减"政策，但是效果还需要评估。

总之，这"三座大山"让大家不敢生、不愿生孩子。当然，低生育率不是我国特有的现象，随着经济发展，生育率本身也会有一个自然下降的趋势。在经济水平较低的阶段，国家缺少养老制度，大家更倾向于养儿防老。经济发展之后，养老制度更加完善，个人收入提高后也有了积蓄，大家"养儿防老"的意愿不像以前那么强烈。

如何相对系统地解决生育率下降问题？

我国之前实施的计划生育政策对生育率的下降肯定有影响，主要表现为它导致生育率过快地降至一个较低水平，而不是正常的缓慢下降的过程。实施二孩、三孩政策后，收效并不是特别大，因为还有刚才提到的"三座大山"。

面对生育、养育、教育问题的叠加影响，只放开生育政策显然是不够的。刚开始实施二孩政策时，生育率曾有微弱回升但后来又下去了，现在三孩政策的效果还没显现，但预计影响也不会太大。因为很多调查显示，即便没有生育政策限制，大家愿意生二孩的意愿也不强，愿意生三孩的人更少，特别是年轻人，生育意愿越来越低。

因此，在放开生育政策的同时，必须想办法系统地把生育、养育、教育的成本都有效地降下来。只有这样，才有可能比较明显地促使生育率回升，至少结束当下的过快下滑趋势。

有人建议把女性的产假延长，但这也是治标不治本，同时还可能加重企业对女性的歧视。

从国际经验来看，可以增加丈夫的陪产假。目前我国男性的陪产假最多为一个月，如果将陪产假延长至与女性产假同等的时间，一方面可以减少企业对女性的歧视，另一方面也能促使男性更多地参与抚育小孩的过程，避免现在所谓的"丧偶式育儿"，即育儿过程中爸爸的缺位。爸爸对小孩的成长非常重要，让爸爸参与育儿对国家未来人力资本的提升也会有益。

建议在延长男性陪产假的同时，由政府来负担产假、陪产假期间的工资，减少企业成本，以此减少企业对生育小孩员工的歧视。

另外，随着数字技术的发展，特别是疫情期间居家办公给我们带来启示，可以鼓励企业让需要照顾小孩的员工实行弹性工作制，比如爸爸每周二四、妈妈每周一三五居家办公，在工作的同时可以兼顾照料小孩。

特别要强调的是，要解决生育率下降的问题，一是要减少对女性的就业歧视，否则不仅会导致生育率继续下降，还会形成一个恶性循环，政策不能只是简单地延长产假。二是推进养老金制度向"积累制"转化。第七次人口普查结果和研究预测显示我国的老龄化速度会非常快，因此我们一定要更快采取行动建立养老金"积累制"，否则未来可操作的空间会越来越小。

如何理解技术进步与老龄化之间的关系？

新技术，尤其是人工智能技术能在一定程度上化解老龄化的问题，替代老龄劳动力，但同时也会替代很多中低端劳动力，减少就业机会，会对劳动力市场产生冲击。但我总体上还是偏乐观地看待这一趋势。

我们一直在谈老龄化、谈劳动力不足，但目前劳动力不足主要体现为农村劳动力不足，因为农村的年轻人都去城里打工，农活没人干了。机器的应用不但可以弥补农村劳动力的不足，还可以实现农业的规模化经营。在非农方面，机器能够替代的也多是比较低端、繁重、重复性的劳动。另一方面，现在年轻劳动力的人均受教育水平更高，大多也不太愿意从事低端、繁重、重复性的体力劳动，机器替代的也多是人不愿意做的工作。这些都是技术对劳动力市场的积极影响。

同时，现在我国45岁左右劳动力人口的受教育水平相对较低，技术冲击可以促使他们接受更多的技能培训以适应未来的工作，这对提高劳动力素质起到很好的促进作用。

此外，技术发展虽然造成很多工种被替代甚至完全消失，但也创造出好多新的工种，未来这种趋势还会继续。这就意味着，人必须发挥主观能动性，随着技术的进步去发现、创造更多的工种，同时找到自己的位置。

智能化技术的发展，不但可以弥补劳动力不足，还可以为人类的养老提供服务。

城市化也可以通过人口集聚产生更大的生产效益。现阶段我国的城市化进程还面临一个关键问题，即老人、小孩还留在农村。这影响了我国养老和教育水平的整体提升，其根源在于养老制度、医疗制度和教育制度存在城乡分割问题，以及城市房价等导致的生活成本较高问题，背后涉及一系列制度设计。

只有这些问题得到解决，我们的社会才有可能更好地应对老龄化。

第十章
如何理解共同富裕的本质和关键点？

姚洋

（北京大学国家发展研究院院长、BiMBA 商学院院长、
南南合作与发展学院执行院长）

重新提出共同富裕，有没有新内涵？

共同富裕是中国共产党从一开始就要实现的目标。

过去几十年，我们强调让一部分人和一部分地区先富起来，是因为我们当时的发展水平还比较低，如果过早、盲目地搞共同富裕，最后可能导致共同贫穷。邓小平的伟大之处在于把政策放开，让大家先做起来。

现在我们再提共同富裕，是因为我们实现了小康目标，国民收入已经达到一定水平。实现小康之后，共同富裕就是一个自然的发展方向，和中国共产党的初心一以贯之。实现共同富裕意味着一些政策要面临调整，但不是指把富人拉下去，搞"削峰填谷"式的共同富裕。

怎么理解共同富裕中的"三次分配"?

初次分配是让市场来分配,按要素贡献分配。

以前我们在讲按劳分配时没有讲按要素分配,这其实是对按劳分配的片面理解。按劳分配其实是按要素分配的一部分,因为劳动也是生产活动的投入要素之一,只是劳动不是一般的要素。其实资本也是过去劳动积累的产物,所以当资本再参与劳动并创造价值时就应该获得报酬。

简言之,初次分配就应该是按照要素的边际贡献来进行付酬。再分配是在初次分配基础上再对收入做调整。我国从2006年开始提出建设"和谐社会"时已经加大了再分配力度,2008年之后我国的基尼系数开始下降。

再分配主要是通过税收和转移支付来调整收入差距。过去15年,政府做了很多事情,比如在农村地区建立社保、养老保险和医疗保险制度,现在农村地区的医疗保险覆盖率为100%,养老保险建设也在快速推进,这是巨大的社会进步。我国农村的收入水平较低,农民居住得较分散,政府在这样的不利条件下还是把事情做起来了,不断完善我国的收入分配格局。

关于"三次分配"的提法其实还需要斟酌,国际文献中没有"三次分配"这种说法。现在所谓的"三次分配"是指,在一次分配和二次分配基础上,老百姓和企业进行自愿捐赠。但这不应该称为"分配",因为"分配"一定是要有"分配"行为的，所以用"三次分配"来表述"自愿捐赠"是欠妥的。现在中央也出面做了解释，"三次分配"并不是要让企业家们带头捐款，所以这个说法现在也基本不用了。

我认为，2021年中央财经委员会第十次会议的主要精神是鼓励大家更多地进行自愿捐赠。美国主要的社会捐赠来自普通老百姓，而且占到整个捐赠数额的60%。比如和北京大学国家发展研究院联系较多的世界最大智库美国布鲁金斯学会，它大量的资金都来源于其会员的个人捐赠。尽管一个会员可能一年只捐几百美元，但它拥有十多万名会员。中国的情况刚好相反，60%的社会捐款出自企业家，所以说中国的企业家很了不起，那些关于"中国的企业家为富不仁"的说法很不客观。因此，我们应对社会捐赠有一个正确认识。

在实现共同富裕的过程中，这三种分配方式作用不同，初次分配主要强调效率，这也是因为我们在计划经济时代吃了亏。那时只讲按劳分配，没有调动起大家的积极性，而且也没有真正做到按劳分配，大家只是吃大锅饭而已。初次分配主要是让市场发挥作用，提高生产效率。初次分配的原则就是效率原则。共同富裕就是要把饼做大，饼太小也没办法实现共同富裕。

再分配是调节收入差距，而且我认为准确的说法应该是增强低收入群体长期的收入能力，而不是对其进行简单的救济。为了救助而救助也不可持续，就像西方一些高福利社会，最后可能把一个国家拖死。

在再分配基础上，个人或企业如果还有余力去支持国家发展或救助贫困百姓，可以自愿捐赠。只是捐赠对缩小收入差距的作用并不大，毕竟总量太小。

我国的政府财政收入规模已达 20 万亿元，加上社保可能达到 25 万亿元左右，占到了 GDP 的 1/4，这部分资金用于政府再分配。每年个人或企业的社会捐赠数额也就一两万亿元，和再分配资金相比是很小的一部分。

发达国家的社会捐赠主要是用于支持发展文化、教育、艺术等事业，资助那些政府资金到不了的领域，就算是救助贫困也仅是起到社会榜样的作用。

从政府收入来说，美国的政府机构比中国要庞大得多，从两国政府官员占全部人口的比例来看，美国比中国大了一个数量级，美国政府所掌握的资金也比中国多一个数量级，美国的税收占 GDP 的比重为 30%~35%，比中国高。而北欧国家政府更是掌握了 GDP 的 60%。似乎美国等西方国家的税收能力更强，政府力量更大。

但是为什么一些人还觉得中国是"大政府、小社会"，美国是"大社会、小政府"呢？因为不能单纯从税收的角度来判断。一般人认为中国是"大政府、小社会"，主要是因为中国政府还有很多其他的调节手段，比如能调动大量国有企业、国有金融机构的收入。这些虽然是企业收入，不直接算作政府收入，但中国政府整体调动资源的能力要比美国政府强得多。

共同富裕的三个群体如何界定?

这三个群体并没有统一的划分标准,其中对"中等收入群体"的定义最重要,把中等收入群体确定了,剩下的两头就是低收入群体和高收入群体。

全国每个城市对中等收入群体的定义也不一样。例如:北京的中等收入群体是指年收入在20万~40万元、有自有住房和小汽车、一年可以出国旅游一次或者国内旅游两三次的家庭;而在贵阳,除了拥有住房和小汽车,年收入为10万~15万元的家庭就算达到中等收入标准。

总之,共同富裕的目标是要扩大中等收入群体的规模。

但我认为没有必要去定义低收入、中等收入和高收入等每个群体具体的标准,因为一旦定了标准,政策就会跟着走,有时候还会走偏,导致政策跟不上。实际上,不同城市对每个群体都会有一个大概的判断标准。

从全世界范围来看,我国通过税收对个人收入的调节力度较大。我国累进税率最高档为45%,即年收入超过96万元的个人所得税税率是45%。这在全世界都是很高的标准,况且对于高收入群体而言,96万元也并不是特别高的收入。

中国的税制还有一些历史遗留问题,比如目前仍然是重在对企业征税,个人所得税仅占政府收入总额的6%~7%,其余的税都是企业在负担,这与美国的情况刚好相反。因此,我们要调整税收结构，要把对企业的税负降下来，把对个人的税负涨上去。

怎么提高对个人的税负？个人所得税的累进程度已经非常快了，那就只能以扩大纳税的基本面为主。所以我不太支持再提高个税起征点，起征点5000元在国内已经不算低收入了。大家可能觉得难以置信，现在缴纳个税的人只占到全部拿工资人数的14%左右，这一比例非常低，导致我国的个人所得税税收很少。

除了增加个人税收、征收房地产税，还应征收资本利得税，即买卖股票也要纳税，由此把税负从企业转到个人身上，这也是目前全世界都通行的做法。有企业家到美国投资后发现美国的税负特别低，但美国的个人所得税非常高，如果他把钱从企业取出来变成个人收入的话，可能就要缴纳一大笔钱。

为什么有些受过高等教育的人也觉得收入低？

受过高等教育的人觉得收入低是参照系的问题。1917年，当时27岁的胡适回北京大学当教授，他一个月的收入是300大洋，相当于现在的11万元人民币，比他当时在美国的老师杜威还高。当时的中国很穷，而美国已经是全世界最富有的国家，所以很难想象北京大学一名普通教授的工资会比美国哥伦比亚大学高级教授的工资还高。

这背后的深层原因是知识大众化，是我国高等教育的普及。现在全国 18~22 岁的青年有 55% 在接受高等教育，这一比例还会提高到 60%，高学历人才数量在增多。

事实上，大学本科的毕业生刚走出校门的头三年收入的确较低，但是之后增加收入的机会也很多。工资暂时较低不用太着急，只要持续努力，终究会脱颖而出，收入也自然会提高。不能因为一时收入不高就否定教育的价值。

为什么高收入群体感受到了劝捐的压力？

在最新的共同富裕和"三次分配"提出来之前，高收入群体就已经有这样的担心，见到政府或者基金会的人就担心对方要"劝捐"了。这不是中国特有的现象，全世界都如此，因为社会期待企业家们能够拿出一部分财富来支持教育和医疗卫生事业发展。

面对共同富裕这一奋斗目标，企业家们也没有必要产生"非捐不可"的压力。捐赠应是自愿行为，我们也不应该总是把目光集中在少数企业家身上，而是应把社会捐赠作为一项事业来推进，要鼓励普通老百姓树立捐赠意识。

当大家都自愿捐赠时，一方面，捐赠者会因为救助了弱者或是支持了某项社会事业而感到自豪；另一方面，受捐者也会因为受到帮扶而心存感激，社会也就因此更加和谐了。如果捐款行为是被迫的，捐钱的人不舒服，拿到钱的人也会不舒服，而一个社会的主流价值观应该是鼓励大家都积极向上。

哪些国家的共同富裕之道值得借鉴？

哪些国家或地区在实现共同富裕这方面的经验更值得我们借鉴？这取决于一个国家的文化背景。

美国人均 GDP 大约有 6 万美元，是我们的 6 倍左右。但美国贫富分化严重，他们关于不平等问题的讨论已经持续了二三十年，但一直没有办法解决。因为美国崇尚的是个人主义文化，所以搞不成共同富裕，最多是在个别地区试验一下。

北欧国家崇尚集体主义文化，政府拥有 GDP 60% 的再分配权力，而且民众都接受共同富裕的理念。大部分北欧国家的初次分配格局和美国差不多，收入分配也非常不平均，但是通过政府税收调节，收入的分配变得极为平均。北欧国家的基尼系数大约为 0.27，所以问题的根源在于国家的文化背景。

对于中国的共同富裕模式，我们首先要搞清楚中国崇尚的是一种什么文化，然后才能确定目标。一个国家的基尼系数究竟多少为好，国际上对此并没有一个统一的标准。如果说我们向北欧学习也将基尼系数变成 0.27，即所谓的"如何达到丹麦的水平"，那么恐怕我们又要回到计划经济时代了。因此，每个国家不同的文化决定了其最后的收入分配差距应该稳定在哪里。

再来看共同富裕和创造力的关系。共同富裕和整个社会的创造力不是一回事。北欧国家极富创造力，那里诞生过诺基亚、爱立信这样的世界级大企业。因为崇尚集体主义文化，民众接受共同富裕，但这并不会影响他们的创造力。而如果让一个美国人到北欧去，那他可能不仅不再创造，甚至还要"造反"，因为美国人崇尚个人主义文化。因此，共同富裕也好，创新创造也好，主要是看一个国家和地区的文化与制度特色。两者本身并没有太强的关联，不是贫富差距大的地方才有创造力，也不是共同富裕的地方就有高创造力。

如果说北欧文化和美国文化是两个极端，那么中国文化可能就处在二者中间的某个位置。

共同富裕是不是与打破阶层固化有关？

谈到三个群体的收入调节方式，大家很容易联想到"阶层固化"这个词。从数据来看，我们的阶层固化程度在上升。

通过分析20世纪30年代至80年代末出生的人群，观察他们的受教育水平与其父辈受教育水平的相关性，我们发现在20世纪30年代至50年代出生的人群中，二者的相关性呈下降趋势，即阶层流动性在上升。直观地说，不是父母的知识水平高，子女的知识水平就相应也高。但在20世纪60年代至 80 年代出生的人群中，二者的相关性又重新呈现上升趋势，即阶层流动性在下降。因此，这几十年时间中国的整个阶层流动性呈现的是 U 形走势。

北京大学的实际情况就如此。现在北京大学的学生越来越多地来自大城市或者县城，来自农村的学生越来越少，而在我读书的那个年代，农民子弟还是很多的，这说明我们的教育或者学生的精英化趋势越来越明显。

阶层固化最主要的原因和教育规划有关，通常上一辈受教育程度低会导致下一辈受教育程度也低，阶层就这样固化了。而当前社会的人如果不通过接受教育的途径，基本不可能从一个阶层上升到另一个阶层。

父母的教育理念和支撑教育的资源都会影响下一代。这就需要社会和政府来为他们做一些事情。但是现在的政策没有做到把教育资源公平分配，还是完全以成绩为分配标准。学校被分为一类、二类、三类，然后一类学校得到的资源最多，三类学校得到的资源最少，资源最后集中到了少数学校，这不利于阶层固化的打破。

共同富裕为什么离不开教育公平？

教育对共同富裕和阶层流动十分重要，应该让大家尽可能享受到更长时间、更平等的教育。有些人为中考分流辩护，说这样有利于学生发展特长。我不认同。十四五岁的孩子并不知道自己的特长是什么，如果被过早分流，可能他的一辈子就毁了。

有人说德国比我们做得还早，孩子10岁就分流了。但是德国国内对此的争论也非常大。自由派就非常不赞成这一制度，但是因为保守派势力强大，这一制度得以保存。

想让教育资源平均化，首要任务是改变人的思想，包括家长的思想。中小学阶段不应该选拔人才，而应该培养人才，培养一个完整的人，让孩子知道自己的价值。如果政府通过各种手段减少分流、分级的做法，家长就会因此减少很多不必要的担心，像在我们读书的时代就不存在这些担心。

共同富裕最需要的政策调整是什么？

我认为第一是要保证中小学的教育公平性，因为个人的发展首先取决于教育。

共同富裕作为未来10年、20年甚至30年的长期目标，不会像搞经济建设那样很快见效，而是一个缓慢的过程。我国的基尼系数从2008年至2016年不断下降，但下降幅度很小，因为我们的人口基数太大。共同富裕既然是一个长期目标，那就要用长期的手段来推进，首先要推进的就是投资教育并促使教育公平化，将资源平均分配，消除制度性不公平。

我期望未来取消中考分流，这将是影响共同富裕非常关键的一点。我们不能用分流手段把 40% 的孩子定义为"你未来是低收入者"，这显然是制度上出问题了，因此要先把这项制度给改了。

我们要相信，所有的孩子都具有创造力和潜能，应该先让他们去试试，等他们到了 18 岁建立起初步的世界观后再做决定，而不是在他们还懵懵懂懂时就把其中一部分人抛到一边，然后告诉这些人"你永远在社会底层了"。在此基础上，再做一些税制改革，包括征收房产税和资本利得税等，用再分配来调节收入差距。

从 2020 年到 2021 年，中国坚定推进改革，在房地产、教育、环保等多个领域同时发力。这让大家深刻感受到了"不确定性"，包括外部环境的不确定性、疫情反复、全球央行货币政策转向和中国内生经济的不确定性。但很多人只看到表面的不确定性，没有看到长期的确定性。

长期的确定性是，随着各国疫情的平稳，全球经济终将进入复苏反弹阶段。2021 年全球经济向好，中国经济增长较快，美国和欧洲国家的表现也不错，社会生活也在恢复正常。

在这种情况下，我们要为未来做准备，不该再去应对"不确定性"了，而是要准备迎接恢复的人口流动和经济活动。所以我觉得，那些所谓的悲观情绪完全没必要，产生这种情绪是因为没有看到事情发展的主流。

不管是企业家还是老百姓，都应注意不要被短期因素所左右。现在社交媒体上情况复杂，很多人会讲一些极端的话来吸引眼球，大家应注意分辨。一些政策的实质性影响并没有那么大，比如说"双减"后，大家都不用再去上一些不规范的补习课了，而那些正规的补习课也仍在继续。企业家也应该学会分析相关的政策消息。再比如房产税，都已经讨论10年了，而目前也是在试点，而且有5年试点期。

当然，我们还面临一些问题，比如消费不足，这也和疫情有关。很多消费行为对大家而言是可有可无的。疫情导致不能外出旅游，大家也就不去了。但是当每个人的消费都减少一点，总量就十分可观了。不过我想这只是短期现象，一旦疫情消退，消费就会慢慢复苏。

我们也不必担心资本无序扩张，我认为不存在所谓的资本无序扩张，资本运作的底线是不要干政。

一个运转良好的现代社会最怕的就是资本干涉政治，这会导致政治变成少数人的政治。历史上曾有掌握巨额资本的人干政，想通过政治来巩固自己获得的经济利益，甚至把国家掏空，这些人应该受到严厉的惩罚。

另外，要实现技术发展，就得允许一定程度上所谓的过度投资、浪费型投资、重复建设甚至低级消费等。以元宇宙为例。很多人反感元宇宙，认为扎克伯格搞元宇宙太低级，认为他应该像马斯克那样去建造火箭。但如果没有人在元宇宙玩VR（虚拟现实），VR 技术就发展不起来，而 VR 技术对于人类的发展非常重要，和马斯克要移民火星一样重要。

我们的社会应该更宽容地对待这些看似低级的消费和股市对科技投资产生的泡沫，如果真的出现泡沫，市场和社会会做出合理的再平衡。

· 第三部分 ·

市场的新挑战与管理的关键原则

第十一章
如何推进数字化转型和打造共生型组织？

陈春花

（管理学者，北京大学国家发展研究院 BiMBA 商学院前院长）

如何理解疫情带给企业的冲击？

很多人把新冠肺炎疫情与 1918 年的大流感相比。事实上，新冠肺炎疫情到来之前，没有人认真去研究 1918 年大流感带来的冲击和当时企业的应对方式。新冠肺炎疫情发生后，大家才开始回望 1918 年的大流感，希望从中汲取教训和智慧。必须承认的是，我们所有人都没应对新冠肺炎疫情的经验，这是其一。

其二，即使新冠肺炎疫情和 1918 年的大流感均是由病毒带来的全球危机，这一轮疫情所产生的影响、所呈现的方式也跟过去不同。今天，全球经济之间的紧密程度是前所未有的，冲击带来的联动效应也自然是前所未有的。对于每个企业来讲，我想应对和调整的过程都是刻骨铭心的。

对于所有企业来讲，疫情很突然，不仅是因为它调整了我们的生活，更在于它是一个我们从未见过的情景。虽然以前我们经历过金融危机、产业链危机、技术难题，以及供大于求、消费者改变等市场难题，但这一次冲击非常特殊。

从经营的视角来看，其特殊之处在于，一切就好像突然停顿了一样，感觉要完全失去机会。企业最怕的就是交易和消费突然全面停顿。新冠肺炎疫情暴发之初，几乎所有企业的第一反应都是手足无措。当时我就非常快地写了《危机自救》那本书，帮助大家恢复认知并予以调整。

从大环境来讲，有三个方面让企业感到经营确实跟以往不太一样。一是商业行为场景完全改变。以前的商业场景是大家熟悉的，无论是面对面的模式，还是在线模式，都是有线索可循的，但疫情让场景变得特别突然。二是所熟悉的产业环境停顿。物流和距离的概念其实被调整。三是疫情之下，人们没办法集聚。企业活动本质上还是人和资源的整合活动，当这一切都被调整，企业活动整体上也要做改变。

要应对这些变化，还要看谁恢复和响应的速度快，这取决于企业的以下基础。

第一个基础是我们反复强调的真正稳健的财务基础。有钱才能熬过去，这对很多企业是一个很好的检验。大量的企业熬不过去，就是因为现金储备不够。疫情暴发初期，有一个关于中小企业的调研发现，现金储备能撑 3 个月的中小企业占比非常高，但是能撑 3 个月以上的企业占比很低，可能不足 20%。

第二个基础是能快速调整经营模式。疫情带来的是和以前完全不一样的经营环境。疫情初期虽然有很多经营场所包括餐厅被迫关停，但是经营者们会想办法维持经营收入，调整的速度非常快。

第三个基础是自救能力。突然袭来的疫情导致所有人和组织都身处完全冲击之下，经营个体很难寻求外部的帮助，只能自救。

第四个基础是协同上下游伙伴抱团取暖过冬，这也是很多企业所做的。

如何拥有数字化能力？

疫情来了之后，大家可能常听到这样两种说法。一种是"疫情按下了数字化的快进键"。数字化确实非常重要，因为数字技术刚好有一大特点，就是能离开物理世界，转向数字世界。疫情防控恰恰要求物理世界要有"隔离"，这时怎么保证生活、工作、学习、经营都还可以持续？那就是想办法搬到数字世界。

另一种是"拥有数字化能力成为分水岭"。那些在疫情期间恢复得比较快的企业，确实都是有一定数字化基础的企业，比如天虹百货、林清轩这些企业，都是因为较快运用数字化能力而恢复。因此,疫情之下,物理世界与数字世界走向融合是一个方向。

这并不是说拥有数字化能力就可以解决所有问题。企业还要有基础能力,包括前面说到的真金白银的财务基础,还有组织里的领导力、快速调整的能力、自救能力等基础能力。

从领导者的角度来看,成功应对危机对领导者的要求其实非常高。

疫情之初,我接到很多企业管理者的电话,有些人问我是不是干脆不做了,或者说可不可以趁机卖掉企业,也有人问是不是有办法借势发展起来。可见,管理者的选择可能是"退",也可能是"进"。于是危机到来时,可能一部分企业因此倒下,市场被释放出来,另一些企业则逆势而起。管理者自身的担当和决策能力非常重要。

另外,快速调整经营的业务很关键。有一个词叫"组织柔性"或者"组织弹性",指的就是组织要有能力快速调整。有这样一个例子:一家高端汽车关键部件供应商受疫情冲击,原有的业务骤降,但是这时低端车的销量增幅非常高。这家企业发现市场的变化之后,只用两三个月时间就把原本供应高端车的部件成本大幅降低,进而有能力供应低端车。由于提供的部件具有高端车部件的供应品质,这家企业在疫情期间反而业绩增长近50%。正是因为调整的能力特别强,这家供应商得以成功化解危机。

关于企业的自救能力，我认为重要的是企业愿不愿意真正地去为员工应对危机寻求方案。我其实比较担心企业为了降低成本而以裁员的方式自救。在我过去研究的企业应对危机的案例中，有很多企业这么做。我不太主张选这种方法，虽然不裁员面临的挑战非常大，企业降成本最直接的方法就是裁员。企业在危机环境下这么做，其实是把问题推给了社会。我更赞同企业和员工一起去找解决方案，这样员工也会发挥更大的力量去配合调整，加上运用数字化能力，反倒更有可能把危机变成机会。

虽然有些企业可以称之为数字化原生企业，但更多的企业是数字化移民，需要数字化转型。很多传统企业在数字化转型上的确交了不少学费，但收获是企业意识到必须转向数字化，这已经形成了共识。要知道，企业仅仅形成这个共识就花了很长时间，因为很多传统企业认为依靠原有优势还可以让现状持续一段时间，这也是企业数字化转型的一个难点。

如果一家企业原来做得不太好，转型可能还比较容易，反倒是在一个领域已经扎根很久、拥有很强竞争力，甚至在全行业数一数二的龙头企业转型更困难。

概括而言，在数字化转型的过程中，传统企业通常会面临四个方面的挑战。

一是放弃固有的认知。在认知上，优势传统企业并没有那么迫切地认为自己必须转型，很希望原有优势保持的时间再长一点。以传统零售业为例，受到的数字化冲击非常大，很多传统百货商店守阵地的办法是选择服务老客户，不顾及年轻客户。经营者们觉得老客户都不会用智能手机，对传统百货商场还有需求，只要这个群体在，自己就还有市场，还有希望。真的基于这个逻辑去做，你会发现行业洗牌的速度反而更快，很多传统百货加速倒下，而不是守住了阵地。汽车行业也是一样。新势力造车的速度非常快。如果按照车企本身的品牌和能力，传统汽车巨头都具备引入新型技术的能力，甚至在这方面的能力更强，但就是迟迟不动。

想要成功应对挑战，认知调整就要先行。是等别人革你的命，还是先自我革命，是必须被认真对待的首要问题。我们常说颠覆往往来自外部，但是那些持续优秀的企业通常选择先革自己的命，因为这样才有更大的机会和更多的新空间。实际过程中，认知调整往往是一大障碍。

二是拿捏好数字化新业务和传统旧业务之间的平衡点。原生的数字企业不太会遇到这种障碍，因为数字业务一开始就是企业的一部分。传统企业会切实面临这一障碍，如果平衡不好，有可能陷入更大的亏损和被动。对任何企业来讲，下这个决心都会很困难，难点之一是如何平衡现在和未来、当下和长期，转型过度会受伤害或加大亏损，或转型之后发现增长停滞，这都是非常现实的问题。另一个难点在于如何具备驾驭两个完全不同领域的能力，即传统领域和要转向的新领域。

三是处理好组织内部的文化冲突。这也是最大的挑战。我常常被人问及传统企业做数字化转型是招新人还是用原班人马。我的建议是用新人,而且企业管理者必须亲自做。有的管理者接受我的建议,既不用原来 IT 部门的人,也不让新的数字化部门受原 IT 部门领导,而是新成立一个数字部门并亲自领导。这么做就是为了避免内部新旧文化的冲突。如果企业内部文化原本非常强,在转型过程中,高层管理者就更要想办法让新旧两种文化在组织系统中都能活下来,否则是做不到成功转型的。

四是真正理解数字技术。数字化转型要真正使用数字技术及其工具和平台,而不仅仅是投钱。让数字化技术真正被理解、接受并运用,这对很多企业都是挑战。大部分传统企业只懂产业、不懂数字技术,而大多懂数字技术的专业人才又不懂产业。这时如果管理者自身不理解数字技术,就很难做到成功转型。传统企业数字化转型成功有一个共同特点,就是将数字技术真正应用到产业端,也就是产业数字化。数字技术重构产业价值,是企业数字化转型成功的关键,也是其最后呈现的方式之一。

传统企业在数字化转型之路上,如果能解决以上几大难点和挑战,就基本能成功。

如何准确地理解"共生"?

影响企业绩效的因素不仅来自内部,一个企业家只想专注于做好内部经营，不太去考虑外部因素，几乎行不通。正是由于看到影响企业绩效的因素从内部转移到外部，我才提出了"共生"的理念，并特别反复强调这一点。

从组织的视角来讲，绩效受外部影响更大。比如国家对信息安全方面的监管加强，就会明显影响那些与数据流量有关系的企业的绩效。再如国家推进双碳目标，提高排放标准和排放成本，很多企业的成本模型就不得不随之发生改变。这些都是来自外部的影响，而疫情是大家感受更直观、更深刻的外部因素。

因此，我不断强调：至少企业高层决策者或核心管理团队要深刻意识到影响绩效的因素已经不限于内部，甚至已经以外部为主，这是非常重要的改变。企业仅仅把内部做好，是不能够保证绩效实现的，必须搞清楚绩效跟外部的关系，而且对外部关系的影响要有充分的准备。

中美贸易摩擦刚发生时，很多做出口的企业界朋友问我，能不能预估中美贸易谈判最后的结果。我只能告知我做不了这个预估，也没有人能预估确定的结果，因为太复杂，关联的因素太多。可以确定的是，企业要做的工作不是预估中美贸易谈判的结果是达成某个协定还是谈崩，而是做两手准备：一是谈崩了怎么办，二是谈成了怎么做。否则，一旦完全超出预期，企业可能很被动。

我举这个例子是想告诉企业家，企业要做的第一点就是必须确信外部因素一定会对企业绩效产生影响，要让自己进化出动态应对外部变化的能力，否则主宰不了自己的绩效。

如何理解共生与竞争的关系？

共生并不仅限于理念层面，而是一个基本的生存状态。今天，社会已经完全进入互联网和数字技术的生态中，每个人与其他人都有关联，大家都"处在无限连接中"，而且这种连接时时都在发生变化。这是共生的基本状态。

另外，共生源于数字世界，而数字世界本来就是真实物理世界和虚拟数字技术融合形成的一个新世界，本身就是一个共生态。

对于企业而言，这一基本状态也决定了共生不仅是一个理念，还必须是一个商业模式、一个战略以及一种组织管理方法。企业从战略到组织形式、商业模型都要调整到具有共生属性，否则找不到新的价值空间。

对于个体来讲，共生也是一种必须的行为选择。

过去之所以不用讨论共生而是讨论竞争，是因为我们处于满足需求的阶段。企业只要有比较优势、可以满足顾客需求，就能在竞争中取胜，因此天然就是竞争关系。而今天已经来到创造需求的阶段，市场供大于求，企业要创造需求才能有更好的发展。

企业一旦创造出需求，市场上就没有竞争对手，也不需要强调比较优势；相反，还需要找更多的人一起来扩大新创造的需求空间。在此情形下，人与人之间、企业与企业之间一定是合作和共生的关系，不会是比较和竞争。

在战略、组织、商业模式的调整中，我更关注组织这部分。因为在商业模式、战略改变的同时，组织也必须用一个新的形式去支撑，这个新的形式必须是共生。

总之，共生是一种基本生存状态，不能只当作理念。企业的战略、商业模式、组织形式，甚至个人的行为选择，都必须转向这样的状态。在共生状态下，已经不再用"蓝海""红海"甚至时髦的"黑海"来形容。无论是蓝海还是红海，实际上都是工业时代的描述方式。企业处于红海，其实还是因为供大于求，要用价格等非常直接的竞争方式来获取成功的可能性；而蓝海是要离开直接竞争，开辟一个相对来说没有那么强竞争的空间，但本质上还是基于竞争去讨论的，只不过利用了"空间区隔"。

数字化时代，竞争概念已经不再适用，企业生存的空间也可能从"大海"扩展为"天空"甚至现在流行的"宇宙"，不再是一个平面的概念，而是"宇宙""场景""空间"这样的立体范畴。这样的范畴维度更多，企业的价值可能性也会变得更多，共生就是从这个视角来展开讨论。

那么，创造出新的需求，或者新开辟一片"天空"之后，是否也会引来跟随者，进而出现新的竞争呢？要回答这个问题，首先要确定企业之间的基本状态就是竞争关系，因为两家企业做同样的事情、面对同样的消费者群体，就会造成消费者选了这一家而不选那一家，这就是一种竞争关系，是竞争的基本状态。但从更长的时间轴来看，竞争的基础首先是合作，没有能力跟别人合作，也就没有条件去竞争。

其次，我们要理解竞争和共生不是替代关系。二者其实是两种状态，是要解决不同的问题。如果说竞争解决的问题是满足需求并保证比别人做得更好，那当企业面对发展和成长问题，尤其是要创造更多需求的时候，就必须有能力去做共生。如果还是一味地用竞争的方式去做，很难找到创新的解决办法。也可以说，竞争和共生是面对不同问题要采用不同的策略，两者之间更是互补关系：需要竞争时要有能力比别人做得更好；要开辟更大更新的发展时，必须有能力用共生的理念创造新空间。

如何打造共生型组织？

共生其实有几大特点：

第一是能够创造新的价值，让个体或组织有能力跟别人共生。比如所有商学院原本是竞争关系，因为可能面对共同的申请人并且各有招生需求。但是如果大家都更新商学的价值，比如更强调通过商学教育帮助学生更好地推动社会进步，所有商学院都共同做这件事情，就相当于为了这个教学目标要帮助更多的学生（包括已经学过的学生）学习新的内容。这样市场是变大的，就不存在竞争生源的问题，而是大家一起推动中国企业管理的进步，学生之间也可以交流往来。

对于企业而言，一个很简单的判断自己有没有共生能力的方法，就是看有没有能力产生超出原有产业链的新价值。如果有，企业就具备了共生能力。

第二是能给行业提供新的标准。以前我们常说虚体冲击实体，比如数字零售平台型头部企业不断拓展，一度让传统零售业非常被动，政府和民众也很紧张，要求虚体不能冲击实体。但今天我们已经很少再提这个话题，因为原来称之为虚体的头部企业努力做了一件事情，就是以它们所使用的工具和方法赋能传统零售业，帮助零售业全面向数字化转型，从而使更多消费者获得了零售服务。这个过程本身就为传统零售赋能了新的技术标准，让原有的产业价值被更大地释放了出来。新零售的概念也随之诞生，消费者获得的丰富程度和便利程度都得到提高。甚至很小的店都有机会变成很独特的店，正是得益于这些标准和技术工具。

第三是能提供新的未来空间。以电动汽车为例，它提出了很多新的理念，比如人机交互，未来可以实现无人驾驶，可能是一个移动的空间，这等于给行业描述了一个很好的新未来，这也是为什么电动汽车市场非常活跃。电动汽车不再沿用原有的汽车制造方法，不必自己去完成所有与汽车技术相关的积累，包括发动机、传输系统、轮胎等。传统车企会自己不停地投入研发，积累很久，而新的电动汽车公司一开始就采用共生模式，把各种汽车部件以最快的速度组合好交付上市，需要的成长时间很短。

对于企业家来讲，共生思维还是要落实到组织上。很多真实案例和鲜活实践，尤其是来自不同行业和领域的标杆企业，比如贝壳、美的等让我们了解到，企业在商业模式、战略上实现共生其实有很大的挑战，做得到的企业并不多，难就难在组织共生。

共生型组织不是简单地在原组织之外造一个新的组织，而是要求组织能支撑新的商业模式。要转换的东西特别多，包括：

第一，从原来的管控转向赋能，这是组织功能的整体变化。原有组织形态其实是要解决绩效来源，解决绩效来源的一个很重要的基本要求就是稳定，否则不可能有绩效。要稳定就要管控，组织就是这么形成的。但是今天企业的绩效主要来自外部，显然比内部因素更不稳定，而维持一个稳定的组织结构，又容易失去影响绩效的外部因素。因此，组织必须是一个相对开放的结构，通过赋能打开组织，让外部影响绩效的因素进入组织。组织还不能是原有业务一种形式，新业务是另一种形式，而要要求原有业务也有能力接受外部绩效因素的影响，并利用好这些因素。

第二，管理扁平化、网络化、去中心化、平台化。原来的层级管理还是保持成本规模稳定在一个非常好的结构。在过去的竞争因素影响下，企业只要做到产品质量比别人好、成本比别人低、交付比别人快，具备物美价廉的比较优势就可以。但今天最难的已经不是这些，而是突然闯入了不再遵循这些游戏规则的新角色，比如新型汽车连油都不用，更多依靠软件驱动，原组织在乎的成本效率与新的竞争要素之间完全没有关系。

在这种情况下，企业不仅要解决内部绩效的影响因素，还要解决外部因素，也就是不同行业的人参与竞争带来的挑战。于是，组织结构需要面对的最大难题就是灵活性和整体性的统一。怎么统一？只能靠网络结构，即组织的调整从层级结构转向网络结构。在实际操作过程中，原有业务可能还要求层级结构，但新业务必须是网络结构，大部分企业要两种结构并用，这也是今天组织管理很复杂的地方。

第三，组织既分工又协同。这也是一大挑战：分工要求一个人必须能承担其责任和角色，但是如果在协作上缺位，分工就没有太大的价值。所以组织变得更加复杂，必须既分工又协同。

第四，发挥个人的主动性。组织管理最大的难点是让个人有主动性。我们一直讨论各种激励、晋升，包括要不要涨工资、要不要让员工说了算,其目的就是激发个体的主动性。组织首先要求个体服从,同时又必须激活个体。以前只需要绩效管理,现在的求职者对流动性、自主性要求很高,并不特别关心组织的绩效。如何兼顾个体的主动性和组织的绩效,就成为新型组织面对的第四个难题。

第五,组织要有创造力。要想更多地满足未来需求,组织就得有创造力。包括教育也是一样,学生要面向未来,面向全新的商业模型、全新的挑战,学习的重点不是课堂上的经验,不是已经发生的案例和知识,而是拥有学习能力。

未来,个人也好,组织也好,必须具备学习能力,这种学习能力包括三个部分:首先是存量知识的学习;其次是过程学习的能力,也就是在学习过程中能受启发,产生创意和新知;最后是增量知识的学习能力,即能创造对未来有用的知识。

今天的企业要想更好地面向未来,必须完成上述五个转变,同时拥有很强的学习能力。更准确地说,未来的组织只有保持有效的学习,才能实现持续成长。

如何才能让组织对"强个体"有吸引力?

数字化时代的竞争,本质上是人的竞争。随着90后进入组织,"强个体"变得越来越普遍。

一方面，他们接受的是不同于过去的教育，不再把组织利益放在第一位。年轻人最多能注意个人感受与组织目标之间的平衡，即尊重组织也尊重自己的内心。"强个体"并不等于优秀个体，而是指自主能力较强、不再唯命是听的新个体。

另一方面，数字化也让个体的价值崛起非常容易，因为数字化能带给个体三种其过去不具备的东西。

第一，数字化让个体充分拥有信息。管理方法论的前提就是信息不对称，拥有决策信息多的一方管理拥有少的一方。互联网使得大家的信息都非常充分，甚至教师和学生之间的知识差也在减少乃至消失，学生和老师的信息更对称，老师的权威性也在下降。

第二，数字化为个体提供各种各样的工具。比如沟通、工作和学习的工具都非常充分，也使得个体更容易去做自己想做的事情。

第三，数字技术能重组很多东西。比如工作场所、商业场所等空间重组，还有各种资源的重组，这些都为个体价值的发挥创造了很多有利条件。

组织如果没有能力驾驭"强个体"，就无法得到好的人力资源，或者"强个体"来了之后无法激发他的创造力。

不过，很多企业已经解决了这个问题，而且非常愿意寻求"强个体"。其解决办法可以概括为以下几个方面：

第一，进行平台化管理。平台化管理的核心是给个人赋能，不只是提供一个工作岗位或者机会，更是提供一个事业平台。因此，不管原来的组织是不是平台型，都要转向平台化管理。

第二，设计分享机制，并且和"强个体"的价值贡献一致。如今很多企业在讨论合伙人制度，不管是叫事业合伙人、项目合伙人还是业务合伙人，都会讨论股份或者长期激励机制。总之，这些都属于面向"强个体"的成长分享计划，吸引"强个体"跟随组织。

第三，足够开放，保持内部和外部的自然流动。组织要关心的是优秀的人是流出去还是流进来，而不是简单地讨论流失率问题。

第四，领导者要转换角色。以前领导者的三个角色分别是：人际关系中心，要能跟很多人工作；管理决策中心，包括下命令、做业务决策；信息中心，负责组织的信息传递。现在，领导者有了三种新的角色：布道者，要有能力寻求价值观、使命愿景比较一致的人；设计者，要能让梦想变成产品、变成组织制度；伙伴，在组织当中也要学会被他人领导，不能一个人说了算。尤其是面对"强个体"，"强个体"更希望自己的专业和价值得到尊重，在自己的专业领域内能够自己做主，否则很难跟他人一起工作。如果领导者不能做好新的角色转换，组织也很难变强。

如何理解职场中年龄与角色的关系？

现在职场上，尤其是互联网大厂似乎存在一种所谓的"35岁"现象，也称为"35岁焦虑症"。其实没有那么悲观。

我相信，每个时代都有一个"年龄焦虑区"，其实就是组织对个体的要求刚好契合一个年龄转折点。如果一个人在工作中一直处于做事的状态，不管年龄多大，都会有年龄焦虑。如果能上升为带领更多人去做事，应该就没有这种焦虑了。

换个角度说，一个人的成长不能总在一个标准和需求下进行，否则很容易被淘汰。在人的职业生涯发展过程中，其实有几个阶段：第一个阶段要学会自己做事；第二个阶段要学会带领团队做事；第三个阶段是推动组织做新的事情；第四个阶段是进一步完善自我，保持学习力，不断拥有新的能力。如果一个人这四个阶段都经历过，年龄不会是问题。

在现实的商业世界，也没有哪个组织只要某一个年龄阶段的人。但我们不得不承认，组织一般都更偏爱年轻人，因为没有年轻人就没有未来。一个人无法保持生理年龄不变，只能尽最大努力让职业年龄保持年轻，这就需要我们在不同的阶段做不同的价值贡献，否则肯定会被组织淘汰。

我们得让自己年轻化或者逆生长，因为未来决定现在，而不是过去决定未来。工业时代真的是以过去决定未来，过去累积的规模、核心能力、产业基础可以让你在未来继续赢得先发优势，获得发展机会。但是进入数字化时代以后，创造新需求成为新的时代特点，而不是满足原来的需求。现有的能力如果不能对创造新需求有帮助，也就不那么重要，这就是未来决定现在。所谓逆生长，指的是面向未来的需要去成长，而不是顺着时间的自然维度一点点成长。年龄只是自然状态，逆生长的人其价值贡献并不受年龄影响。

一个人 25 岁时的精力、身体状态、学习能力，甚至情绪可能都比 35 岁时更活跃，单纯比做事效率，35 岁确实比 25 岁要弱势一些。因此，对 35 岁的读者，我会给两条建议。如果能做到并相信这两点，应该不会被年龄焦虑问题所困。

第一，学会逆生长；

第二，想办法让自己为组织贡献比 35 岁之前更多或者完全不同的价值。

不同层级的员工面向未来时分别需要注意什么？

面对时代和组织生态的变化，企业的一把手由于有一个很重要的特质——企业家精神，所以并不令人担心。企业家精神的一个本质特点就是不断创新、迎接新挑战。如果一个人做到一把手的位置而不具备企业家精神，可能很快就会被淘汰。

企业组织决策里的中层还是会面临挑战的。这个群体要以更强的学习能力去自我突破，一定不要满足于现在的状态，要持续学新东西,要对新事物感兴趣,愿意尝试并接受犯错。

前面说到"35岁焦虑",很多人到这个阶段会以为自己不能再犯错,因为已经工作这么多年。事实上,只有接受自己犯错才有愿意尝试新东西的可能性。我也常常鼓励这个群体有自己喜欢的新东西、学新东西,而且允许自己犯错,这样才有可能突破。

基层员工中,很多年轻人天然有数字化的能力,我们可以称之为数字化的原住民,他们的数字化能力很强。如果要担心,可能是基层员工里年纪偏大的人,他们如果能继续发挥自己原有的作用,还可以在组织中释放能量和价值。

另外,现在的年轻人也比我们有更开阔的视野,数字技术让他们看到的东西更多,关键是他们怎么锻炼自己跟别人合作。很多年轻员工在职场中的最大挑战是跟别人合作。德鲁克说"个体无所不能,又百无一能",百无一能是说组织中太独立的个体什么也做不成,相反,那些能跟任何人合作的个体其实无所不能。如果组织有方法鼓励年轻人多合作,基层员工也不用让人担心。

我说企业中的中层最让人担心,是有多种原因的。一是他们是既得利益者,习惯性使然;二是人到中层会有一个舒适区,不太想打破,不怎么愿意动;三是人到中层后,干扰也很多,在家庭中可能上有老下有小,承担的角色更重,社会期望带来的压力也和年轻时相比有变化。这些复杂因素综合起来,会使得中层面对新事物更容易纠结。

对于这些人而言，一定要突破自己、突破舒适区，别太在乎已经拥有的东西，学会放下，这些可能比已经拥有的东西更关键。在复杂决策中选择必须接受，相对单纯地去讨论问题和决策，事情反而变得容易。

如何看待年轻人的"内卷"和"躺平"？

对于"躺平"，我没有那么悲观。当然，有人把躺平理解为不奋斗，我更愿意将其理解为一种新商业模式带来的消费便捷。

数字化时代的商业模式有一个很突出的特点就是能让用户躺平，它提供的所有解决方案就是让用户省心、省力到极点，让用户"躺平"，包括躺着买东西、躺着学习、躺着了解信息，甚至可以躺着工作。总而言之，这是新商业模式的一个特点。

有人说，"躺平"指的是年轻人失去了奋斗精神，干脆躺下来，放弃了努力。我并不这样看。每个时代的年轻人都有属于他们的价值，上一代人不用那么焦虑。即便是躺平，也是个别人在个别时间段的选择，并不代表他们对人生价值创新的终极放弃。

我更愿意跟年纪大的人说，不要批评躺平，而是自己学会躺平，躺平之后才能知道今天的商业、技术与以前相比有哪些不同。有些人的问题就是不肯躺平，所以没办法接受新事物，对很多新事物也真的不了解。不了解新事物，怎么融入新的世界呢？

对于"内卷"，我倒有一点担心。内卷最大的一个坏处是会让人变得越来越固化，越来越有局限性。人在自我成长过程中，很重要的一点就是心智要不断向外拓展，能接受跟自己完全不同的事物。在我看来，内卷的特点之一就是不能接受跟自己不同的事物，只在自己特别擅长的领域争先恐后、精益求精，但这么做跟目标、成长都没有关系。

我更希望年轻人首先学会打开，对所有新事物，包括不同的观点、不懂的事物，用欣赏的眼光先去了解；其次，试着换个视角去做事情，而不是只用熟悉的方式去做；最后，学会真正地接受不同的声音，去欣赏而不是内卷。这样才可能有更多的交换和交流，才更有能量。

第十二章
如何理解剧变的时代与领导力准则？

杨壮

（北京大学国家发展研究院管理学教授、
BiMBA 商学院前联席院长）

如何理解百年未有之大变局？

我认为，百年未有之大变局有三个关键变化。

第一是疫情。从 1918 年西班牙大流感开始到 2019 年新冠肺炎疫情出现，大约 100 年。新冠肺炎疫情到 2022 年已经两年多，还没有结束的迹象，其所带来的一系列政治、经济和社会动荡前所未有。

第二，国际政治关系发生了巨变，继而影响了国与国之间的经济和人员往来。我们不知道这种变化会持续多久，也不清楚还会给未来带来哪些影响，所以我们今天能做的就是都要为维护世界和平做出自己的一份努力。

第三是技术的变化。这个变化涉及各个领域，从政府到企业、学校等等。很多人在这个变化的环境中开始重新进行个人定位、组织定位，以及对未来的定位。

所以，这个大变局实际上影响着我们每一个人。

如何理解中美关系？

中美关系在当今世界举足轻重，没有任何其他国家的关系可以与之相比。

中国和美国有各自的优势：美国的优势是科技优势、金融优势、高等教育优势；中国的优势是市场优势、制造业优势，以及后来居上的从学习到赶超的态势。

2015年我带着一群企业家到以色列，时年92岁的以色列前总统佩雷斯和我们进行了1个小时的交流。他说："未来的世界和平由两个国家承担——中国和美国。因此你们之间要竞争，也要合作，要给世界带来价值。中美两个国家的行为举止尤为重要，希望你们能够在这方面认真地进行思考。"他这段话现在回想起来仍然十分准确。中国和美国之间的政治关系、经济关系、文化关系、技术关系等等都对世界的现在和未来产生着重大影响。

如何理解西点军校领导力训练?

西点军校是美国第一所军事院校,有200多年的历史。它强调自己一直在培养leader of character,翻译成中文可以叫"有品格的领导者",或者更通俗一点说就是培养"一条汉子"。

北京大学国家发展研究院BiMBA商学院与西点军校从2004年开始合作,我每年带MBA和EMBA学员去学习,专门研究他们如何培养士官生。我们发现,他们对这些18岁到22岁士官生的培养主要是从以下两个方面进行。

第一,培养价值观。西点军校要求学生任何时候都要牢记责任和荣誉。另外还特别强调一条:不撒谎、不欺骗、不盗窃,也不允许其他人这样做。这条法则对中国的企业来讲也极为重要,给我们的学员留下了极为深刻的印象。

第二,磨炼意志。开学第一天,西点军校就对新生进行训话,核心是忘记过去的荣耀,从今天起只当自己是一名普通的士官生,必须严格执行学校的命令。学生在这个过程中养成了很强的执行力。第二年士官生才可以学习带队伍。西点人认为,要带队伍首先要学会当下属,要当下属首先要学会自我管理,包括学会时间管理,学会在没有领导的状态下坚持做正确的事。

我们在与这些20岁左右的士官生接触的过程中发现,他们比同龄人成熟许多,原因就在于他们在西点军校不仅要学习知识,更重要的是学习怎样做人,怎样在品格、品质方面打下良好的基础，包括荣誉、责任、刚毅、永不言败、宽容、包容、诚实、遇到不平挺身而出等等。

我们的商学院学员看了以后深受震撼，认为西点军校培养人的方式很值得企业在管理上借鉴，并且也对他们个人的自我管理很有价值。这是我们跟西点军校建立合作关系的本质原因。

中国企业如何学习西点领导力？

西点军校训练学生的很多能力，但最看重如下三项：

第一，价值判断力，就是判断事物正确与否的能力，这可能是我们一些企业领导者欠缺的。他们以案例的方式把西点军校200多年历史中的一些经验和教训分享给学员，让学员知道什么是正确的、什么是错误的。例如，西点军校认为做任何事都要有很强的团队意识。他们几乎没有一项训练是个人项目，引体向上、跑步、推木头都是团队一起做。做任何事情都不是为了个人，都是为团队。这与领导力的定义一致，就是要为组织达成目标，在组织目标与个人目标产生冲突时要以组织目标为重，带领团队共同完成组织目标。

第二，体能。西点军校非常重视体能训练，从第一天开始就非常严苛，让人筋疲力尽并且十分紧张。每年有1.5万人申请西点军校，只有1000人入学，有2%~3%的新生身心经不住考验，第一天就提出退学。第二天就开始进行为期六个星期的"野兽训练",包括夜间行军、雨天行军等,即使发高烧也必须坚持。这之后又有 3%~4% 的人退学。后来的几个学年中,还会陆续有人中途放弃,最后会筛掉近 20% 的人。通过这个过程,西点军校培养了学生坚毅、顽强、不放弃的能力,以及能够永保乐观必胜心态的能力。

第三,时间管理能力。比如,布置的作业大概需要 4 个小时完成,但只给学生 3 个小时的自由时间,这就需要学生自己想办法安排时间。如果学生因此没睡好觉导致身体出问题,也只能自己去补。这就要求学生必须进行自我管理,优化时间安排。

另外,西点军校对知识学习的要求也非常高,非常重视数学,有几个专业和学科也相当不错。当时有领导力系,开设管理课、领导力课。学校要求学生在很短时间内掌握这些知识,特别是掌握学习知识的方法。

西点军校的这些训练对我们有很大的启迪。我们很多人往往在某些方面比较强,在其他方面比较弱,很难做到全面发展。我们在培养人才的过程中也应该注重德智体全面发展。

另外,西点军校士官生经过四年的训练之后,非常清楚自己想要做什么,不会有一般大学毕业生对于职业选择的纠结。

今天的企业管理也需要寻找价值观相近的人,或者把大家的价值观训练到相近的程度。同时,企业在经营管理过程中,难免会遇到起落,也会有困境和压力,就像当下的疫情。这个时候，我们很多员工甚至企业家本人能不能顶住压力就很重要。很多人在工作中遇到一点儿压力就受不了，在工作情况变得复杂时，价值观就开始歪曲，体能和心灵承受不住压力，结果出现各种各样的问题，甚至进了医院。

从这个角度看，西点军校的培养理念和方式对于中国企业和企业家有很强的可借鉴性，因为中国正在转型的过程中，环境的不确定性更高，竞争压力也很大。

当然，我们学习西点军校不能流于形式。西点军校的老师一直跟我强调一个理念，他们进行体能训练的目的其实是训练心灵和大脑。因为他们的训练设计来源于古希腊，古希腊认为人分三个层面——身体、头脑和灵魂。体能训练的关键点就是使学生在大脑层面产生变化，能够把控住自己，最终强化自己的心灵，塑造正确而坚实的价值观。我们的企业家应该注意把这种精神层面的训练带回自己的企业。

如何理解和运用"三元领导力"模型？

"三元领导力"模型包括思想领导力、专业领导力、品格领导力。这个理论模型是受美国西点军校和日本企业家稻盛和夫思想的启发，结合我自己在中国的体会而发展出来的，适合国际，也贴合中国国情。

"三元领导力"中最重要的一元是"思想领导力"，英文是

power of ideas。这一点是比较领先的，在西方的领导力研究中都很少提。企业家一定要有思想、有格局，因为其他能力都由此而来。价值观就是选择的排序，在 VUCA 环境下，什么对你而言是最重要的？什么是你认为必须要做的？什么东西是绝对不能做的？什么是上限？什么是下限？这些都要很明白。

"三元领导力"的第二元是专业领导力，涉及两个方面：第一是领导者的专业精神，比如工匠精神、做百年老店的精神；第二是领导者的创新变革精神，因为环境是不断变化的，当环境出现比较大的变化之后，专业领导力最需要的就是创新变革的能力。创新变革和工匠精神看似是一个悖论，其实是专业领导力这枚硬币的两面。在环境相对稳定的时候要把产品做到极致，当环境变化的时候要快速跟上变化，主动变革创新，勇于打破固有格局，必要时从头做起。以诺基亚为例，它曾发挥专业精神把手机的通话功能做到了极致，在中国手机市场上占 40% 的份额，但在智能手机出现后，诺基亚领导人的创新变革精神不足，转型不及时、不到位，最终被市场淘汰。

"三元领导力"的第三元是品格领导力。我在研究很多企业的过程中发现，有的企业家的思想领导力和专业领导力都很强，但下属不买他的账。我再仔细调查发现，大家不信任他，因为他在品格、品行方面有所欠缺，比如不身体力行，不能说到做到，没有诚信，最关键的是没有和团队一起同甘共苦的意愿。

品格领导力是连接思想领导力和专业领导力的一座桥梁，如果没有好的品格，"三元领导力"就不能成为一个完整有机的整体。这座桥梁还有一个名字叫"信任"，要做事，先做人。

品格领导力对今天面临大变局的中国和世界而言极为重要。有些企业为了眼前利益，做出投机或短视的行为，这在过去也许行得通，但今后一定要避免。因为今天的世界紧密互联，所有行为不仅中国人知道，外国人也能知道，我们都在透明的环境中，无法隐蔽。从某种意义上来讲，当一个好的领导者是反人性的，不能随性而为，要做到高度自控。

如何理解"五力素质"？

我提出"三元领导力"，也经常讲到"五力模型"，有些人可能容易混淆。这里一定要说明的一点是："三元领导力"是领导力的三个维度，或者说三个层面；但"五力模型"或"五力素质"不是领导力的维度，与领导力并不直接相关。

今天的环境是一个 VUCA 环境，充满易变性、不确定性、复杂性、模糊性。新冠肺炎疫情让每个人对 VUCA 有了更深入直观的认知。"五力模型"或"五力素质"是面对我们今天的环境，不管领导者还是普通人都应该努力具备的五个能力、五项素质。当然，如果一个领导者既能领悟"三元领导力"，又具备这五项素质，他的领导力将发挥得更好。

"五力"主要是如下五种能力：

第一，自驱力。中国人的驱动力常常是一窝蜂的群驱，很少自驱。这是很大的问题。自驱是去做自己最想做的事，去做自己最擅长的事，去做最能给社会和自己带来价值的事，而不是盲目从众。

第二，自控力。人在社会上会面临无数的挑战和诱惑，正如《道德经·第十二章》所讲："五色令人目盲，五音令人耳聋，五味令人口爽，驰骋畋猎令人心发狂，难得之货令人行妨。是以圣人为腹不为目，故去彼取此。"人在各种各样的诱惑面前很容易失去自控力。两千多年来，人类社会发生了翻天覆地的变化，但人性的根本没有变。人性有善的部分，也有恶的部分，在今天互联网环境下更容易显现。

第三，学习力。尤其是在今天多变的环境下，一定要持续学习，从书本上学习，从实践中学习，从他人、榜样身上学习。只有具备了学习力，才能产生洞察力和对事物的独特看法，才有可能实现良性的知行合一。

第四，创造力。只有学习之后，你才能有从 0 到 1 的创造力，或者从 1 到 N 的创新力。

第五，坚毅力，其中包括专注力。VUCA 环境下，不少人觉得做什么都没用，干脆"躺平"。只有具备坚毅力的人才能持之以恒，最终获得成功。

不同管理层级的人如何理解和运用领导力？

　　对于企业的最高领导者而言，今天最重要的是思想领导力。领导者不仅要有梦想，而且要有格局和视野，有能力在重重雾霾中看到大河的彼岸，做到这一点并不容易。

　　放眼当今的全球格局，技术、人文、价值体系、国际关系等都在不断发生变化。企业的最高领导者如果不深入思考，不持续学习，不紧跟时代的变化，就很难拥有正确的思想领导力，就可能带领大家在前进的方向上出问题，这是最致命的。

　　对于中层管理者而言，最重要的是专业领导力。几年前我去中粮做了一次调查，和宁高宁总裁交流。我问他："中粮方方面面的竞争力都很强，你们最大的弱点和挑战是什么？"他毫不犹豫地说："每个人的职业素质。"我认为他讲的这一点在国有企业和民营企业普遍存在，即很多人职业素质不到位、不过关。

　　在今天的人文环境下，不论是企业还是个人，都要有自己独特的核心竞争力。我对核心竞争力的定义是能够给企业、给自己带来价值，并且不会轻易被别人取代的能力。每个人在各自的领域里一定要具备专业精神，把自己的能力发挥到极致，做到不可替代。

　　对于普通员工或者刚入职的年轻人来说，我认为最重要的是一定要有梦想。以色列前总统佩雷斯说："在你离开这个世界之前,如果你的梦想比你的成就还小,你就失败了。"他还说:"你的梦想有多大,世界就有多大。"这是很有哲理的思想。

乔布斯和马斯克的产品改变了世界,推动了社会的进步。他们两人的共同特点是拥有极强的好奇心,不愿受制度约束,有刨根问底的精神,有长远的目标,有很强的企业家精神。这些特质带领他们不断前行。

现在有些年轻人想"躺平",这跟社会影响有关,跟家庭影响更有关系。我曾对1000多名EMBA学员做调研,问影响他们价值观和性格形成的最重要因素是什么,80%的人认为首要因素是家庭,60%的人认为次要因素是工作单位。

所以对于年轻人来讲,领导力的起点是自驱力,要有一个梦想不断地驱动你前进,然后才是自控力、学习力、创造力和坚毅力。

在多变的环境下要不要信奉长期主义?

短期和长期一定要平衡。从理念上来讲,企业家一定要信奉长期主义。

当然,从现实角度来讲,中国企业短期主义倾向相对严重一些,很多企业家也在摸索自己的长期主义道路,有些已经取得成效,有些还没有摸索成功,大家都在总结经验教训。

在我看来,我们的企业家需要不断提高自身的领导力,不断去学习其他优秀企业家的经营方式,不断提升自控力。我比较信奉德鲁克的理念,他给自己的定位是"社会生态学家"。他特别注意企业所经营的人文环境,尤其是法律、教育、制度文化的变革。因此我认为,在今天的中国,我们不仅要让企业家不断自我反思、自我修正、自我提升,还必须改变自己所生存的人文环境,让环境更加积极正向,让那些具备马斯克、乔布斯特质的企业家能成长起来。

从这个角度来讲,我认为中国在建立法治社会的同时,一定要认真地反思中国文化的利和弊,因为这对于未来中国社会本身和中国给世界的影响都有重要意义。我们要让自己的价值观更清晰,让我们文化中的一些东西与今天的时代更兼容,从而在世界上获得更多的追随者。

我认为这是未来中国企业和社会面临的最大挑战之一。中国的经济在飞速发展,作为全球经济大国,我们身上担负的责任是什么?很多中国人特别是企业家还没有去认真思考这个问题,还没有意识到历史已经把中国推到了世界的前台,没有想到我们的一言一行和价值观都会给世界带来影响。对此,我们一定要认真思考、认真准备、认真转变。

其实这反映出两个问题:第一是经济基础和上层建筑的发展速度不一致;第二是我们的劳动力平均受教育水平较低。

如何理解企业失败的内因与外因？

近几年有很多企业陷入困境，不少中小企业倒闭。这些企业失败的原因有领导者的问题、战略的问题，也有市场环境带来的问题。

但首先与最高领导者的判断力有很大关联。管理没有放之四海而皆准的真理，领导力更是这样。在我看来，管理既是科学又是艺术，而领导力更接近于艺术。

领导力是带领一群人为了组织目标往前走的过程，组织目标因受到人文环境的影响而不断调节，而带领的这群人个性又完全不同。这个过程涉及这两个不断变化的要素，因此领导者需要根据环境和人的特殊性发挥自己的领导力，因人而异，因环境而异，这就是一种艺术。

在中国成功的模式在美国不一定成功，在美国做成功的事在中国也不一定成功。例如，中国成功的抗疫模式在欧美可能无法实行，而亚马逊的零售模式在中国也无法成功。这和不同环境、不同人群的文化、价值观、生活习惯等有关。无数案例证明，没有哪种领导力模式是放之四海而皆准的。

当然，对于企业的失败，外部环境所起的作用越来越大。就像新冠肺炎疫情突然到来，很多中小企业的现金流储备不足，用户习惯的消费场景又因为防疫而切断，企业就会倒闭。今天环境的 VUCA 特质和影响力传导大大超过我们的想象。

不仅如此，中国在全球化中正起着举足轻重的作用，今天的世界是一个深度分工的格局，一个地方有疫情或突发灾难，很多产品的组装或运输就会中断，企业也会被迫停产。同时，国际贸易局势和规则的变化也给中国的企业带来很大影响，比如企业可能因为汇率或关税税率的变化而受到巨大影响。

然而，纵然外因带来的影响越来越大、越来越广，但内因依然是决定性的。在今天这个充满不确定性且信息爆炸的时代，领导者要更加注重学习力，因为学习既能提高你对外部环境、外部影响因子的判断力，也能为你提供内部的缓冲力和变革力，尤其是不断根据外部环境的变化而捕捉机遇、化危为机的能力。让企业不断穿越风雨、持续成长，甚至基业长青才是每一个企业家的首要任务。

如何理解领导力的先天因素与后天培养？

我个人觉得，先天因素对领导力形成的作用不能忽视，有30%~50% 的影响程度，后天因素的影响程度占 50% 以上。

先天因素主要来自父母给的基因，例如有些人天生性格细腻，有些人天生胆大敢闯等等。但性格要和环境相结合，比如有些人天生敢于创新，表现出不顺从和逆反，但在社会中被不断打压，最后不得不循规蹈矩。

后天可以培养出来的特质也有很多，例如胆识、诚信等，与组织文化、社会价值观、国家生态文化有关。

总结一下，领导力的提升首先要有相对比较开明、正向的家庭成长环境。其次要选对学校，因为老师的培养很重要。毕业之后选择适合自己的行业、工作单位，最终修炼出自己的领导力。

如何理解"35 岁焦虑症""躺平""内卷"？

现在出现了一种"35 岁焦虑症"，大家觉得 35 岁之后自己的技能就跟不上时代了。我认为，真正认清了人类社会的本质和第四次技术革命的本质我们就会明白，技术在社会中只是一种手段，其用途是给人类社会带来更丰富美好的生活，人永远是不可替代的。

因此，我们一方面要学习技术，另一方面要学习跟人有关的知识，人文学科绝不过时。学技术的人也需要跟人沟通，也得写作，也应该懂一点哲学；学管理的人也必须有技术的知识储备，才能让管理学中科学的部分发光。

苹果公司 CEO 库克讲："我不担心机器思维越来越像人，我特别担心人的思维越来越像机器。"所以我们在学习理科技术的同时一定要学习人文学科，比如语言、文学、历史、哲学、社会学和经济学，让人文精神发光，与技术相得益彰。现在还有两个流行词，"内卷"和"躺平"。要理解"内卷"和"躺平"

这两个词，还得考虑其出现的原因。我认为导致其出现的因素包括今天的环境所带来的挑战、人与人之间的竞争，以及在环境变化的过程中伴随的民众生活水准、住房、消费、就业形势严峻等问题。当下社会的竞争愈加激烈，甚至出现非人性化等。不解决这些社会原因，这两个词所代表的现象会持续存在。

另外，我个人觉得，这样的现象未来会变成常态。因为今后的竞争和环境会越来越复杂，新技术不断涌现，对人类工作的替代性会越来越大，所以未来会有更多人难以找到理想的工作。

我想从"五力素质"的角度给职场年轻人两点建议：

第一，年轻人应该有自驱力，有梦想。因为历史告诉我们，世界越动荡，环境越恶劣，竞争越激烈，前途越渺茫，机会越大。这包括变革的机会、挑战的机会、商机等等。任何事情都是物极必反，而且都有两面性，所以你看到一面之后一定要再去看另一面。这是《量子领导者》的作者左哈尔给我的启示，我们就这个问题专门做过探讨。很多事从这边看是死的，从那边看就是活的。我们看到很多"黑天鹅"事件，但是很多人没看到"黑天鹅"背后有多少机会。因此，年轻人首先要有梦想和人生目标，要对未来有信心。乔布斯的梦想是改变世界，这带动他取得了辉煌的成就。

第二，年轻人应该有学习力，尤其是在今天的人文环境下，必须加强学习。我们要从书本学习，向成功企业学习，从实践中学习，跟不同的人学习，"读万卷书，行万里路"，要积极融入互联网世界中。只有这样，才能获得碰撞和启发，才能真正产生有价值的创新想法。不少企业主认为，所有人都要顺着他的思想走，殊不知真正伟大的人物都是在不断的接触交流中走向伟大的。乔布斯就是这样的人，他不仅是企业家，同时学习禅宗，还是一位很有修为的古典音乐发烧友。如果没有这些兴趣和爱好，恐怕他也无法有那么多颠覆性的创新。这也是我多年来持续办"跨文化领导力"论坛，邀请不同国家、不同行业的专家来演讲，与我们的学员交流的根本原因。

第十三章
如何理解百年变局？如何进行困境决策？

宫玉振

（北京大学国家发展研究院管理学教授、
BiMBA 商学院副院长兼学术委员会副主任）

如何理解百年未有之大变局？

在我看来，从历史的角度，对于百年未有之大变局，可以有三重理解。

第一重，是自公元 1500 年以来，一直是西方在塑造世界格局，但 20 世纪下半叶亚太地区重新兴起，到今天亚太的崛起已经成为事实，世界格局正在发生巨大的变化，有人称之为"东升西降"。

第二重，是自 20 世纪 70 年代开始的这一波全球化浪潮目前正处在调整期。有观点认为逆全球化趋势已经开始。

第三重，是通过 40 多年的改革开放，中国经济迅速发展。中国正在迈向中华民族复兴之路。无论对于中国还是世界来说，这都是历史性的事件。

总之，三大变动汇到一起，构成了我们今天的百年未有之大变局。这种大变局对于中国来说，可以说是机遇与挑战并存。

从内部来看，中国经济发展起来了，但社会该如何均衡发展？比如解决腐败问题、贫富分化问题等等，这些都是未来高质量发展所面临的挑战。能否解决这些问题事关中国能否实现持续发展。从外部来看，一方面是"东升西降"的态势非常明显，但另一方面"西强东弱"的总体格局还没有改变。随着中国的不断崛起，主要大国包括一些周边国家的对华政策也在不断调整，进而影响了中国周边乃至全球的国际秩序。这也是中国必须应对的一大挑战。

此外，西方对中国崛起的态度也较为复杂。回顾过去500年的历史，守成大国和新兴大国之间能和平地完成权力更迭的案例并不多见，占比不到30%。曾有人统计过，历史上守成大国和新兴大国的16次权力更迭中，有12次是通过战争方式完成的。今天很受关注的一个热词"修昔底德陷阱"就是由此而来。

为什么守成大国和新兴大国往往通过冲突或战争的方式来解决双方的权力更迭问题，因而陷入"修昔底德陷阱"？其中很重要的一个原因，就是守成大国往往认为新兴大国对以它为代表的秩序构成了挑战和威胁。

对守成大国而言，既有的国际体系和秩序本身就是其国家利益的组成部分。换言之，守成大国的国家利益本身就是靠既有的国际体系和秩序来维护的。而在守成大国看来，新兴大国的崛起必然会对这个秩序形成冲击，因此守成大国往往会采取比较激烈的方式来维持旧有秩序。这是造成大国冲突的一个很重要的背景。

企业家如何在变局和不确定环境下做决策？

今天的决策环境和以前有很大不同。有个专门的词来形容今天的环境，叫"乌卡时代"（VUCA）。

过去的决策环境犹如登山。山就在那里，是相对静止的。作为领导者，你只需要确定好目标、规划好路线、准备好资源，然后带领团队持续攀登就好。

今天的决策环境更像"冲浪"。也就是说没有固定不变的"山"，大势的变化犹如一波又一波的"浪"。我们无法预测下一个浪、下下个浪什么时候来，会带来多大冲击。今天的战略环境呈现出了更大的动态性、不确定性等特征。这是我们必须接受的一种状态。

在这样的背景下，企业家要学会调整自己的战略思维，掌握新的决策模式。这一点非常重要，也是做好决策的一个重要前提。

要掌握新的战略决策模式，首先必须有意识地提高自己的认知能力。过去的战略环境相对稳定，企业家只需要考虑市场本身即可。今天有很多不确定因素来自市场之外，比如国际关系的调整、国家政策的变化、技术的突破性发展等，这些变化可能让一家企业过去积累的优势瞬间化为乌有。

在这样的背景下，企业家必须提升认知层次，必须学会从综合的角度理解市场现象，做出自己的决策。

面向未来，"学习能力是企业和个人唯一靠得住的能力"。我相信大家都能理解这句话的含义，因为我们身处一个不断升级迭代，不断突破个人认知的时代。在这种背景下，学习能力是个人不断突破自我最主要的一种能力。

当前环境的变化速度远超以前任何一个时代。过去企业制定了战略，可以管5年、10年。如今做一项决策，可能不到1年就已经过时了。

因此，企业家适应环境变化的能力就变得非常重要。企业家不能仅仅执行事先制订好的计划，而是必须要依据对环境的动态把握来决策，要学会随机应变。战略决策要保持柔性、弹性、灵活性，要对未来的机会保持开放性。

如何处理随机应变与战略定力之间的关系？

我们以"四渡赤水"为例，来感受不确定环境下的"变"与"不变"两者的辩证关系。

四渡赤水在作战层面是不断变化的，因为客观环境在不断变化，当时的决策也完全是随机应变，决策者必须根据敌情、地形随时调整作战方案。四渡赤水先后转变了十几次作战方向。

但四渡赤水的过程中有一个相对稳定的战略意图，那就是最终要到四川与张国焘、徐向前的四方面军会师。正是因为这一相对稳定的战略意图，四渡赤水就有了轴心，不会变成战略的漂移。

这就是好的战略必须要具备的两方面要素。一方面是一定要有清晰的战略意图作为行动的基本框架。这样的战略意图可以为组织的行动提供一个大致的范围和总体的方向。另一方面，在行动方案中，还要给种种偶然性和不确定性留出足够的随机应变、临机处置的空间。

环境是不确定的，人的理性也是有限的。没有人对大势的理解能够一步到位，没有人从一开始就能看清所有细节。所以在今天这样一种不确定的环境下，你的战略一开始往往最多只能是一个框架、一种假设、一个初步的计划。最终的路线是在对环境的动态把握过程中一步步明晰起来的。

当然，战略意图的稳定也是相对的，从长远来说也会变化。就像红军长征到了川西北，发现这个地方不适合建根据地，所以后来做出了继续北上的决定。由此可见，战略意图也是可以随着客观情况的变化而变化的。

相对稳定的战略意图上面还有一个不变的东西，那就是共产党的使命与愿景。无论决策如何变化调整，共产党的使命还是要解放全中国，要建设共产主义，这是不变的。

所以不确定的战略决策大致可以分为三个层次：根本性的组织使命、阶段性的战略意图、眼前的行动选择。使命是不变的，战略意图是相对稳定但又阶段性调整的，而当下的行动则要随机而变。

在不确定的环境下，很多企业家会有一种焦虑感。这很正常。之所以焦虑，主要还是因为对自己的使命、愿景缺乏真正清晰的认识和坚定的信念。一旦对这方面有了清晰的认知和坚定的信念，决策者就会明白：虽然眼前的道路充满了曲折，但组织的前途一定是充满光明的。坚信前途是光明的，对于奋斗路上的艰难险阻，决策者从心理上也会做好充分接受的准备了。因为只有通过曲折的道路，才会最终通向光明的前途。

同时，不断变化的客观环境，反射到个人层面可能更加令人纠结。因为人的本性是渴望确定的，未来的不确定会给每个人的心理都带来压力和彷徨，一些年轻人也可能因此陷入迷茫。要想适应或者引领这样一个时代，要做好以下几点。

第一，今天的时代就是一个剧烈变革的时代，就是一个不确定的时代。这个时代唯一不变的就是变化本身，所以拥抱变化是每个人必须具备的基本心态和生存技能。这既是我们这个时代的本质特征，也是与农耕时代和工业化时代最大的不同。

第二，在这样一个时代中，我们最需要的能力是学习能力，特别是在拥抱变化的基础之上不断自我迭代的能力。我们之所以会焦虑，主要是担心自己的知识、认知和积累在时代的变化面前会变得过时。知识可以过时，学习能力永远不会过时。具体的公司可能会倒闭，具体的岗位可能会消失，但你只要具备强大的学习能力，不断提升自我，就永远会有施展才能的新机会。

第三，越是不确定的时代，越需要有清晰的人生使命与愿景。要想清楚自己究竟想要怎样的人生，只要想明白这一点，做自己喜欢做的事情，跟着自己的心而动，就不会被外在的环境所扰乱。

越是变化的时代，越需要找到自己内心深处不变的东西，这一点至关重要。

曾国藩的一生能给企业家带来什么启示？

在我看来，曾国藩身上有两条值得企业家学习的东西。一是卓越的自我管理，二是卓越的团队打造。这两条也是其事业成功的关键因素。

首先是卓越的自我管理。

曾国藩并没有过人的天资，也不是什么天才。然而他的成就要远超那些聪明人，这在很大程度上得益于他的自律与自我成长。他的一生就是不断精进、不断成长、不断提升领导力、不断突破自我的过程。

自我管理是组织管理的前提。一个人最终能够成就多大的事业，根本上还是取决于自身的修为与境界。

其次是卓越的团队打造。

曾国藩能镇压太平天国运动依靠的是湘军。湘军最早是"团练"，是体制之外的地方性武装，不是国家的正规军，当时国家的正规军是八旗和绿营。但是曾国藩在很短的时间内就把湘军由草根起家的乌合之众，打造成了那个时代最有凝聚力、最有战斗力的部队。

企业家都希望自己手下有这样的团队。湘军究竟是如何炼成的？曾国藩抓住了哪些核心要素？这些都是管理者所关注的话题。

所以我们今天讲曾国藩，不是让大家回到那个历史时代，而是借曾国藩和湘军的案例，来探讨究竟如何才能成为一名好的管理者，如何才能打造一个好的团队等等这些管理中最基本也是最核心的话题。

时代在变，但管理的深层逻辑并没有改变。

企业家该如何理解困境中的机遇？

我经常和企业家讲一句话：困境是企业和企业家的成人礼。历史上那些伟大的组织往往都是在困境中成长起来的。一个组织卓越的根基，也往往是在困境中锤炼出来的。

因为在平时的情况下，组织和个人都会有惰性和惯性。而在困境中，优秀的领导者可以最大程度地调动和发挥自身与团队的潜能。最苛刻的环境反而会逼出企业内在的生存潜力，逼着企业升级自己的竞争优势，杀出一条血路，从而将对手拉开。所以，困境给那些有能力、有抱负的人和组织提供的，反而是最好的成长机会。

从决策上来说，从困境中突围，需要把握以下基本原则。

一是以舍为得。人的天性总是会留恋过去的辉煌。当困境到来的时候，一定要明智地认识和承认处于困境的事实，必须果断舍弃过去的舒适、过去的成就，过去的地盘。不能因为感情上的难以割舍而做出不理性的选择。活下来才是王道。为了成功地活下去，在需要的时候一定要大胆割舍，从而保证企业的生存。

二是因势利导。以舍为得只是手段，接下来的关键是要认清并找到新的大势。企业之所以陷入困境，大部分时候都是因为形势发生了变化。一波大势落下去，总有一波大势会重新起来。大势是不同趋势的组合，每一次危机背后都隐藏着一个转折点。谁把握住这个机会，谁就可能在未来实现迅速的成长，关键是要在整体的逆势中找到新的有利的大势。所以企业家需要密切关注形势的变化，准确地找到新的大势。

三是集中资源。一旦找到新的大势，企业家需要果断地集中资源，在新的大势刚刚出现之时，就果断地切进去。这样就可以把战术性的机会变成战略性的突破。

四是主动灵活。企业家在这个过程中还要学会灵活处世，根据环境的变化随时调整方案和计划，动态把握团队决策。

在决策和战略层面应当注意把握以上原则，但是再好的战略也需要领导力才能落地。困境突围，领导力也至关重要。

何为困境领导力？

首先是坚定信念。在遭遇困境的时候，普通人的特点是很容易恐慌。在困境中，所有人都可以恐慌，领导者绝对不能恐慌。所有人都可以沮丧，领导者不能沮丧。身为领导者，必须把信心传递给组织的每一个成员。没有绝望的形势，只有绝望的人。形势永远不会令人绝望，除非是你自己放弃希望。因此领导者必须有坚定的信念和强大的意志。

其次是鼓舞士气。士气是一切战略战术的基础，困境中每个人往往都不得不经历心理上的大逆转。那些将组织从崩溃的边缘拉回来的领导者，一个共同的行动前提就是恢复了组织的士气，所以鼓舞士气是困境中领导艺术的重要内容。

再次是同甘共苦。管理者不能期望下属做自己不愿意做的事情。分担下属的苦难，和下属一起战斗，与下属同甘共苦，这样的行动在困境之中比任何语言都要重要。要用实际行动告诉每一位团队成员：团队就是一个命运共同体，需要同生死、共患难。只有这样，决策者才能赢得下属的信任。

最后是价值驱动。越是身处困境，团队的价值观就越重要。历史上的土匪和军阀从来打不了硬仗，雇佣军也是如此，因为这些人都是有利而来、无利而散。特别是在形势不利的时候，这些人散得比谁都快。越是在困境中，共同的价值追求所形成的凝聚力就越深刻。红军为什么可以取得长征的胜利？最关键的一点：这是一支有理想、有信仰的队伍。

对有些人和组织而言，困境意味着绝境。然而对另一些人和组织而言，困境是凤凰涅槃和重新成长的机会。纵观战争史，将军在陷入困境后，有的选择投降，有的选择硬拼。前面我们讲困境中领导者和团队的信念、信仰和理想非常重要，但在具体的战略决策中，则必须是清醒的现实主义。

信仰上的理想主义和战略上的现实主义，两者之间并不矛盾。四渡赤水和长征有时看起来像是一种撤退，但今天的撤退是为了明天更好地进攻，是为了更好地实现组织的理念和目标。

撤退也是战略的组成部分。形势有利时要积极进取，形势不利时要学会撤退。不会撤退的将军绝对不是好将军。

在这个过程中要避免两个极端：一是投降主义，遇到困境就沮丧、就放弃、就投降；二是冒险主义，不顾形势、客观环境、实力对比，一味蛮干、硬拼。

好将军会根据形势的变化，知道何时该进、何时该退。但进和退之间有一条不变的原则,那就是组织的理念和信仰。

中小微企业如何理解和把握这个时代?

平台企业的背后是数字化大潮。一波新的大势还没有开始的时候,其影响力往往会被无视。但新的大势一旦风起潮涌,其影响力又很容易被高估。

虽然数字化正在重塑我们这个时代的产业,但也要避免过于夸大数字化的影响。数字化正在改变我们的商业逻辑,但这并不意味着传统商业力量尤其是中小微企业的生存空间就要被全部消灭。今天,我们有很多线上线下结合的案例就非常典型。

数字化始于线上,但是线上无法完全代替线下。不仅如此,线上还必须把线下纳入其体系中,许多互联网电商早已按照传统的商业模式布局线下。这种线上线下结合的商业格局是经过互联网数字化改造的商业格局,并不能完全代替线下。从这个角度而言,许多中小企业其实依然有空间和机会。数字化不是中小企业的"机会杀手"。

中小微企业如何生存?在立足自己优势的同时,学会迭代更新。要应对数字化的冲击,最好的办法就是主动迭代。在这方面,我认为中小微企业可以做三件事。

一是向下深挖自身潜力,夯实自身基础。无论技术和商业模式如何变化,"一切以客户为中心"的商业经营本质始终没有变。中小微企业只要坚持以客户为中心、坚持为客户提供好服务，无论外界环境如何变化都会有生存的空间。

二是不断向上迭代升级。中小微企业在主动升级迭代的过程中，在已有优势的基础上，可以进一步发展出一种复合的、动态的优势。

三是强化横向联系。对中小微企业而言，如果无法抵御来自大平台的冲击，不妨主动选择加入一个更大的平台。任何企业和平台的扩张都有边界，也需要合纵连横、整合资源。企业生态一定不会仅由一家企业构成，而是无数家企业的联合体。正所谓"你中有我、我中有你"，加入一个更大的平台或体系，中小微企业可能获得更好的发展机会。

大企业的致命挑战通常来自哪里？

船小好掉头，小企业最大的优势可能就是机动灵活。企业一旦到了一定规模就容易出现官僚化的问题。这是很多企业希望摆脱但又很难摆脱的陷阱。

当然也有些企业在这方面做得很好，通过不断地自我革新、自我迭代，让组织充满活力。不过总体来说，对于大企业而言，这确实是一项巨大的挑战。

企业做大后的第二个挑战就是面临垄断的诱惑。垄断可以为企业带来更好的市场地位和更大的利润，但也可能给企业带来更大的风险。

企业官僚化影响的是企业本身，这还是经营层面的问题。垄断除了会使企业丧失创新与迭代的动力，还会产生巨大的外部影响，可能会对行业、社会甚至国家政治政策带来冲击，变成政治性的问题。

大企业对上述两方面的问题都需要警惕，但在我看来，后者可能更加致命。

企业该如何理解跨文化冲突与融合？

更好地融入当地文化、减少文化冲突，的确是中国企业在国际化过程中的一门必修课。跨文化领导力的关键是"文化情商"。有三个关键词值得企业关注。首先是理解。出海企业一定要深入认识和理解当地的文化，这是前提。其次是尊重。出海企业一定要遵守当地的法律、法规和尊重文化习俗，这是关键。再次是融合。人总是习惯于从自己的文化来看待别人，但出海企业一定不能过于以自我为中心，一定要以开放的心态来进行文化的融合。中国传统文化中有许多优良的理念，比如"和而不同""己所不欲，勿施于人"，这些基本理念对走出去的中国企业很有借鉴意义。

任何一种文化都有其优点和局限性，身处多元文化环境中的中国企业，应在立足企业自身文化的基础上充分尊重和吸收本土文化精华。切忌用单一的文化模式和心理状态处理国际化过程中出现的文化冲突问题。改革开放40年来，外企进入中国有很多成功的案例，但失败的案例也不少见。复盘外企的失败案例，我们能从中吸取一条非常重要的教训，即上面所说的是否尊重本土文化的核心价值观。这是决定一家企业融入异国文化成败的关键。

文化之间肯定会存在差异，但文化应该是平等的。国际化过程中最忌讳的是文化的优越感。好的文化心态，应该是自信包容、不卑不亢。自卑式的包容不是真正的包容，自大式的自信也不是真正的自信。真正自信的文化一定会是包容的文化，真正的包容也一定要建立在健康自信的基础上。

企业家该如何对待家族企业传承问题？

这是个非常重要的问题。曾有人统计：未来5到10年，中国约有300万家大中型民营企业将面临家族传承问题。毫不夸张地说，传承的成败将直接影响中国经济发展的基本面。如何做好家族传承，不仅关系到企业本身，更关系到国家经济的发展。

从国际的经验来看，企业家族传承的成功率并不高。美国曾有过统计，第一代家族传承成功的概率约为30%，第二代是13%，到第三代这一数字已经降至3%。这表明不仅是中国的家族企业，世界各国的家族企业都面临着同样的挑战。有些企业传承得好，有些企业在传承过程中出现很大问题，比如父子之间闹矛盾等。这不仅影响企业形象和内部管理，严重的话还会把企业拖入困境。

在我看来，那些传承得好的家族企业主要做对了以下几点。

一是制订好家族传承的计划。家族企业传承成败的关键在于接班人。接班人第一要有能力，第二要有意愿。只有这样才能更好地完成家族事业传承。

家族企业传承面临的最大挑战主要是接班人的选择范围非常有限，往往只能是自己的几个子女，而且很多企业家只有一个子女。这与外部接班人的选择空间完全不能比。

到底是采取内部传承还是外部传承？家族企业的创始人一定要想清楚这个问题。如果子女有接班的能力和意愿，内部传承当然是很好的选择。但如果子女确实没有能力或者没有意愿接班，家族企业的创始人要及时考虑外部传承的可能性。无论哪种方式都不影响家族企业的性质，只是经营方式会有不同。

二是在家族企业传承的过程中，一定要避免出现大的家族矛盾。家族企业既是家族在物质层面的财富，也是家族的情感财富，这是它与其他类型企业最大的不同。家族企业是家族的情感象征，如果因为某种矛盾而伤害了情感，家族往往会出现很大的问题。

因此，家族企业的传承一定要对可能引发的问题做出充分的研判，一旦引发矛盾必须及时处理。家族企业传承应该采取制度化的方式，成立一个类似家族办公室这样的机构，甚至可以制定"家族企业法典"，从制度的层面来解决家族内部矛盾。这样一来，家族企业传承中出现的问题就摆脱了人治，不再被个人偏好左右。

三是家族企业传承一定是逐渐推进的过程。人的成长需要过程，家族企业传承也是如此，需要经过准备期、导入期、接手期和转型期等几个阶段。家族企业创始人一定要清楚，人的领导力和管理能力不是一朝一夕就可获得的，也无法因血缘关系的存在就遗传。

我们常说，将军不是生出来的，也不是选出来的，而是打出来的。企业一旦选定了接班人，就一定要给其提供足够的锻炼机会，令其在真实的商业世界中不断历练，一步步从基层成长起来。与此同时，家族企业创始人也需要逐步放权，不断给接班人以更大的空间。

四是接班人也要摆正心态。家族企业之所以有这样的成就，主要是第一代或者老一代创始人的贡献。接班人应该对父辈企业家表现出足够的尊重和感恩，要发自内心地认可，这一点非常重要。

一旦接手家族企业后，接班人也不要过于激进，一定要在权力过渡期体谅并兼顾父辈企业家的心理变化，尊重他们的成功经验。家族传承不是革命，是在继承的基础上接续发展，最终完成家族企业的全面转型。

国家面对世界变局的关键原则

我对未来的大国关系尤其是中美关系不是很乐观，短时间内不容易看到中美关系缓和的迹象，甚至在有些方面的对抗可能会升级。拜登政府会拉拢各种各样的力量，纠集各种各样的反华网络，利用从价值观到地缘政治等各种各样的手段，全方位从安全、经贸、科技、外交等领域加强对中国的遏制，以确保美国在全世界的领先和主导地位。如果拜登的政策得到落实，中国可能会面临更大的压力。

中美之间的矛盾是结构性的。长远来看，只要美国不放弃打压中国的战略企图，中美之间的斗争就注定是持久战。这是不以中国的意志为转移的。

大国的崛起需要三个要素：实力、耐心、合法性。中国还是发展中国家，对于中国来说，最大的国家利益就是继续发展。因此在国家战略层面一定要基于长远的战略利益，从有利于发展的大局出发，放眼世界，以我为主，保持好战略定力，把握好战略节奏，不犯战略性的错误。面对美国的打压，要敢于斗争，还要善于斗争，有所为有所不为，做到有理、有利、有节，做好最坏的准备，争取最好的可能。不挑起对抗，但也不惧怕对抗。既斗争，又合作。

尤其是要通过进一步改革开放，利用与强化各国与中国的共同利益，把原则性和灵活性结合起来，趋利避害，在国际上争取更多的支持者或者中立者，以挫败美国孤立中国的企图，化解美国打压中国的压力，为中国的长远发展创造最有利的战略环境。

后记

我印象很深，林毅夫教授用了整整一个下午的时间，帮我们剖析了百年未有之大变局出现的根本原因，以及中国在这个过程中要把握的关键原则，不仅对于我们理解新冠肺炎疫情以来的世界变局，对理解"十四五"规划、二十大的政策立意与改革方向也都有裨益。张维迎教授对企业家精神的阐述既回溯了工业革命以来的西方发展历程，也让我们对中国改革开放以来的成就有了更深刻的认知，对理解和把握未来很有帮助。姚洋教授深入解读了共同富裕和教育的关键点。黄益平教授梳理了世界的新金融格局与中国的金融改革逻辑。余淼杰教授（已调任辽宁大学校长）分享了全球分工与产业链的内在基础。刘国恩教授的分析让我们认识到必须把握新冠肺炎疫情对健康和经济影响的平衡点。雷晓燕教授对医保、社保和老龄化特征与影响的分析形象而深刻。卢锋教授对中国经济的内因与外因、三驾马车与就业形势的分析都令人豁然开朗。杨壮教授解析了在 VUCA 环境下如何把握和提升领导力。宫玉振教授总结了困境决策的关键原则以及战略目标的三个层次。陈春花教授（时任 BiMBA 商学院院长）深入分析了数字时代的本质特征与企业转型的关键点。

每一次探访都收获满满，然后我们马上又联合行动，以不同的形式分享给大家。既有腾讯新闻《全球经济 11 问：新格局下的长期主义》系列专访视频，也有很多短视频和二次创作者的参与，累计影响人次已经超过 1 亿。但视频呈现的内容只是全部内容的一角。应广大朋友们的建议，同时也是基于我们的责任感，大家决定再下一番苦功夫，把所有采访文字都整理成文，这才有了本书。

付梓之际，郑重感谢每一位教授的付出，他们常年深入的研究是这一切工作的基石。林毅夫老师还特别给两位诺奖得主写邮件说明此书的意义，争取到对方的授权。感谢腾讯新闻和腾讯财经频道的张仲浩、徐昙、郭昕好、越宁等伙伴，尤其是张仲浩堪称这个项目的灵魂人物。感谢我们北京大学国家发展研究院传播中心的高玲娜老师，她不仅对接每一次的采访协调，还参与后期的校对等很多工作；传播中心的白尧老师是整个文字整理的统筹者，对本书贡献良多；曹毅老师是所有内容的发布者和项目资料的大管家；王志勤也参与了很多审校工作。感谢中信出版社的每一位幕后贡献者。这真是一个集体智慧与汗水的结晶。

最后，更要郑重感谢您的阅读，在信息和知识日益碎片化的时代，深度阅读者正变得更加珍稀，更加可贵。希望这本书没有枉费您的时间，如有不当之处也请您批评指正。

王贤青

2022 年 9 月 28 日于北京大学国发院承泽园